Spielen & Lernen für Babys

Penny Warner

Penny Warner

Spielen & Lernen für Babys

160 Spiele und Lernaktivitäten
für die ersten drei Jahre

Bibliografische Information der Deutschen Nationalbibliothek

Die Deutsche Nationalbibliothek verzeichnet diese Publikation in der Deutschen Nationalbibliografie; detaillierte bibliografische Daten sind im Internet über http://dnb.d-nb.de abrufbar.

© Originaltitel: Baby Play & Learn. 160 Games and Learning Activities For The First Three Years, by Penny Warner. Meadowbrook Press, Minnetonka, MN, USA, 1999. © 1999 by Penny Warner.

Rechte für die deutsche Übersetzung vermittelt durch Montreal Contacts/ The Rights Agency.

© Deutsche Übersetzung: Spielen & Lernen für Babys. 160 Spiele und Lernaktivitäten für die ersten drei Jahre. Von Penny Warner. Shaker Media, Aachen, Deutschland, 2017.

1. Auflage
© Shaker Media GmbH 2017

Übersetzung: Alexa Wietheger
Lektorat: Nadine Weidenhaupt
Covergestaltung: Sarah Klakow
Design: Sabine Müggenburg
Illustrationen: Jack Lindstrom
Coverbild: Fotolia/famveldman

Printed in Germany.

ISBN 978-3-95631-596-1

Shaker Media GmbH • Postfach 101818 • 52018 Aachen
Telefon: 02407 / 95964 - 0 • Telefax: 02407 / 95964 - 9
Internet: www.shaker-media.de • E-Mail: info@shaker-media.de

Inhalt

ALLES WEG!

Da Ihr Baby neu auf dieser Welt ist, wird es sehr viel Zeit damit verbringen, seine Umgebung zu erkunden. Helfen Sie ihm dabei mit dem Spiel „Alles weg!"

Materialien

- ♣ Weiche, farbenfrohe Spielsachen
- ♣ Eine Box oder ein Eimer
- ♣ Eine Decke, ein Handtuch oder Tuch

Lerneffekt

- ♣ Antizipation von Ereignissen
- ♣ Kognitive Fähigkeiten und Denkvermögen
- ♣ Objektpermanenz und Stabilität

Anleitung

1. Sammeln Sie verschiedene weiche, farbenfrohe Spielsachen in einer Box oder einem Eimer, ohne dass Ihr Baby sie sieht.
2. Setzen Sie Ihr Baby in eine Wippe und setzen Sie sich Ihrem Baby gegenüber.
3. Nehmen Sie ein Spielzeug aus der Box oder dem Eimer und zeigen Sie es Ihrem Baby. Halten Sie es nah vor Ihr Gesicht und sprechen Sie mit Ihrem Baby, um seine Aufmerksamkeit zu erregen.
4. Bedecken Sie das Spielzeug mit einem Tuch, während Ihr Baby zuschaut.
5. Sagen Sie: „Alles weg!"
6. Warten Sie einige Sekunden, nehmen Sie dann das Tuch wieder weg und sagen Sie: „Da ist es wieder!"
7. Wiederholen Sie das Spiel mit verschiedenen Spielsachen.

✎ Variation

Legen Sie das Spielzeug außer Sicht, nachdem Sie es mehrere Male unter einem Tuch versteckt haben. Beobachten Sie die Reaktion Ihres Babys, wenn es herauszufinden versucht, was passiert ist. Holen Sie das Spielzeug dann wieder hervor. Probieren Sie verschiedene Verstecke für das Spielzeug aus, um Ihr Baby weiterhin zu faszinieren.

✎ Sicherheitstipps

Wenn das Verschwinden des Spielzeugs Ihr Baby aufregt, verstecken Sie es langsamer, damit es sieht, was Sie machen. Lassen Sie das Spielzeug nicht zu lange unter dem Tuch versteckt.

BABY-BALL

Jeder braucht Bewegung – auch Ihr neugeborenes Baby! „Baby-Ball" ist eine spaßige Möglichkeit, den Kreislauf in Schwung zu bringen, Muskeln zu lockern und die Flexibilität zu steigern. Zudem können Sie Ihrem Baby dabei helfen zu lernen, seine Körperbewegungen zu kontrollieren.

Materialien
* Ein großer Ball, mit einem Durchmesser von ca. 60-90 cm (in Spielzeug- oder Sportgeschäften)
* Eine große, mit Teppich ausgelegte Fläche

Lerneffekt
* Kontrolle der Motorik und Flexibilität
* Räumliche Beziehungen
* Vertrauen

Anleitung
1. Bekleiden Sie Ihr Baby nur mit einer Windel. So findet der Körper leichter Halt auf dem Ball, ohne abzurutschen.
2. Rollen Sie den Ball in die Mitte der mit Teppich ausgelegten Fläche.
3. Setzen Sie sich auf den Boden, mit dem Ball vor Ihnen. Stellen Sie Ihr Baby auf die andere Seite des Balls, Ihnen zugewandt. Halten Sie es mit dem Schalengriff (mit beiden Händen unter den Armen den Oberkörper des Babys umschließen), um es zu balancieren.
4. Rollen Sie Ihr Baby auf den Ball. Halten Sie es gut fest, damit es nicht herunter- rutschen kann.
5. Rollen Sie Ihr Baby vorsichtig und langsam über den Ball, vor und zurück und von einer Seite zur anderen.
6. Experimentieren Sie und versuchen Sie verschiedene Übungen.

Variation
Lassen Sie etwas Luft aus dem Ball. Wenn Sie keinen Ball haben, können Sie auch ein Kissen oder ein Sofapolster benutzen.

Sicherheitstipps
Halten Sie Ihr Baby die ganze Zeit gut fest, damit es nicht vom Ball herunterrutscht. Bewegen Sie den Ball und Ihr Baby langsam und vorsichtig, um die Vertrauens- basis zwischen Ihnen und Ihrem Baby zu festigen.

SCHAUMBAD

Auch wenn einige Babys Wasser nicht zu mögen scheinen, ist die Badezeit für die meisten Babys ein großer Spaß. Sie können das Baden zu einem noch größeren Spaß machen, indem Sie ein paar Seifenblasen machen, während Sie Ihr Baby einschäumen.

Materialien
- Ein weicher Waschlappen
- Eine Babywanne
- Badezusatz für Babys
- Ein Handtuch

Lerneffekt
- Körperbewusstsein
- Sprachentwicklung
- Hörfähigkeit
- Sensorische Stimulation

Anleitung
1. Legen Sie einen Waschlappen auf den Boden der Wanne, damit Ihr Baby nicht hin und her gleitet.
2. Füllen Sie die Wanne mit warmem Wasser und geben Sie eine kleine Menge Badezusatz ins Wasser.
3. Legen Sie Ihr Baby in die Wanne. Halten Sie es während der ganzen Zeit, um sein Vertrauen zu festigen.
4. Setzen Sie Ihr Baby auf, so dass es mit den Seifenblasen und dem Wasser spielen und spritzen kann, wenn es möchte.
5. Waschen Sie Ihr Baby, während Sie dazu singen:

„Und so waschen wir unser Gesicht"

Und so waschen wir unser Gesicht,

waschen wir unser Gesicht, waschen wir unser Gesicht.

Und so waschen wir unser Gesicht,

(Name des Babys) und Mama/Papa.

Singen Sie das Lied weiter mit „unseren Nacken", „unsere Brust", „unseren Rücken", „unsere Arme", „unsere Beine", „unsere Füßchen", usw.

☙ Variation

Nehmen Sie zusammen mit Ihrem Baby ein Bad und waschen Sie sich gemeinsam. Geben Sie ein paar Spielsachen in die Wanne oder benutzen Sie einen Waschlappen in Form eines Tieres oder einer Puppe.

☙ Sicherheitstipps

Folgen Sie diesen zwei Regeln, damit Ihr Baby das Bad auch sicher genießen kann:

- Achten Sie darauf, dass sich Ihr Baby immer wohl fühlt – lassen Sie es nicht unter Wasser rutschen.
- Achten Sie darauf, dass das Wasser immer die optimale Temperatur hat – nicht zu heiß und nicht zu kalt.

SUMMSE-BIENE

Ihr Baby lernt von Geburt an durch seine Sinne. Dieses Spiel hilft Ihrem Baby dabei, Geräusche leichter lokalisieren zu können, was wiederum zur besseren Kontrolle über das Köpfchen und generell zu besserer Motorik führt.

Materialien
- ♣ Eine weiche Decke
- ♣ Ihr Mund
- ♣ Ihr Finger

Lerneffekt
- ♣ Kontrolle von Kopf und Nacken
- ♣ Lokalisierung von Geräuschen und Berührungen
- ♣ Motorik und Bewegungskontrolle
- ♣ Soziale Interaktion

Anleitung
1. Legen Sie Ihr Baby auf dem Rücken auf die Decke.
2. Setzen Sie sich neben Ihr Baby, so dass es Sie klar und deutlich hören kann.
3. Imitieren Sie das Summen einer Biene und bewegen Sie einen Finger in Richtung des Babys.
4. Berühren Sie nach ein paar Sekunden mit dem Finger Ihr Baby und sagen Sie „Summse-Biene!"
5. Wiederholen Sie den Vorgang, landen Sie dabei mit dem Finger auf verschiedenen Teilen des Körpers Ihres Babys.

🔑 Variation
Folgen Sie Ihrem Finger mit dem Kopf, so kann Ihr Baby dem Geräusch folgen. Variieren Sie die Tonhöhe des Summ-Geräuschs von hoch zu tief, damit es interessant für Ihr Baby bleibt. Drehen Sie Ihr Baby auf den Bauch und spielen Sie alles noch einmal durch. Dieses Mal wird Ihr Baby den Finger nicht sehen können und muss sich von der Summse-Biene überraschen lassen!

🖊 Sicherheitstipps
Berühren Sie Ihr Baby vorsichtig und summen Sie nicht zu laut. Wenn sich Ihr Baby erschreckt, können Sie das Spiel etwas verlangsamen.

NASE, MUND UND AUGEN

Spielen Sie dieses Spiel, um Ihrem Baby beizubringen, seine Nase von seinem Mund und seinen Augen zu unterscheiden – und zeigen Sie ihm, was jedes Einzelne macht!

Materialien
- ♟ Das Gesicht Ihres Babys
- ♟ Ihr Finger

Lerneffekt
- ♟ Erkennen der Gesichtsmerkmale
- ♟ Sensorisches Vergnügen – Berührung
- ♟ Soziale Interaktion
- ♟ Zuordnung der verschiedenen Körperteile

Anleitung
1. Halten Sie Ihr Baby auf Ihrem Schoß, sein Gesicht Ihrem zugewandt.
2. Sagen oder singen Sie die folgenden Verse, während Sie die entsprechenden Körperteile berühren:

„Augenzwinker"
Augenzwinker (sanft das Augenlid berühren),
Lidblitzer (sanft das andere Augenlid berühren),
Nasenriecher (sanft die Nasenspitze berühren),
Mundesser (sanft die untere Lippe berühren),
Kinnlade (sanft das Kinn herunterziehen),
Nackenstreicher (sanft den Nacken streicheln),
Bauchpiekser (sanft auf den Bauch „tupfen").

🪀 **Variation**
Nachdem Sie das Spiel einige Male gespielt haben, versuchen Sie eine Runde
„Kinnlade":
Klopf an die Tür (klopfen Sie sanft gegen die Stirn des Babys),
Schau hinein (heben Sie sanft eines der Augenlider an),
Öffne das Schloss (drücken Sie sanft die Nase hoch),
Und geh hinein („laufen" Sie mit zwei Fingern entlang der Unterlippe),
Kinnlade, Kinnlade, Kinnlade, Kinn (öffnen und schließen Sie vorsichtig den
Mund Ihres Babys).

✏ **Sicherheitstipps**
Berühren Sie Ihr Baby nur sanft und vorsichtig, sonst wird das Spiel kein Spaß für Ihr Baby!

HANDSCHUH-HELD

Von Geburt an schaut ein Baby nichts lieber an als ein menschliches Gesicht. Etwas an den Augen, der Nase und dem Mund fasziniert Babys. „Handschuh-Held" basiert auf dieser Faszination.

Materialien
- ♣ Ein heller Handschuh
- ♣ Eine Schere
- ♣ Bunte Filzstifte
- ♣ Ihre Hand

Lerneffekt
- ♣ Fähigkeit zum Fokussieren
- ♣ Erkennen von Gesichtern
- ♣ Soziale Interaktion

Anleitung
1. Schneiden Sie an einem Handschuh die Finger ab.
2. Malen Sie mit den Filzstiften ein Gesicht auf die Handinnenfläche des Handschuhs. Malen Sie die Augen und den Mund groß und farbenfroh.
3. Ziehen Sie den Handschuh an.
4. Setzen Sie sich Ihr Baby auf den Schoß und halten Sie Ihre Hand mit dem Handschuh-Helden so, dass Ihr Baby ihn sehen kann.
5. Wackeln Sie mit den Fingern und bewegen Sie den Handschuh-Helden langsam vor dem Gesicht Ihres Babys. So kann sich Ihr Baby an seinem Freund erfreuen. Der Handschuh-Held hilft Ihnen beim Singen, Geschichten erzählen oder beim Sprechen mit Ihrem Baby.

🖋 Variation
Machen Sie das Gesicht dreidimensional. Nähen oder kleben Sie wackelnde Augen, einen großen Mund aus rotem Filz und eine Knubbelnase auf den Handschuh.

✂ Sicherheitstipps
Wenn Ihr Baby den Handschuh zu greifen bekommt, wird es diesen wahrscheinlich direkt in den Mund stecken wollen. Achten Sie deshalb darauf, dass Augen, Mund und Nase sicher befestigt sind.

KLINGEL-FÜSSCHEN

Ihr Baby lernt bereits ab seiner Geburt, seine Arme und Beine zu kontrollieren. Allerdings stehen dem manchmal Koordinationsmangel und Reflexe im Weg. Arbeiten Sie an der Motorik Ihres Babys mit dem „Klingel-Füßchen"-Spiel.

Materialien
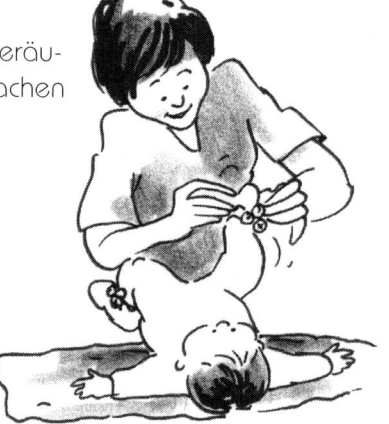
- ♣ Kleine, farbenfrohe Babysöckchen
- ♣ Kleine Glöckchen, leichte Gegenstände, die Geräusche verursachen, oder weiche, bunte Spielsachen
- ♣ Nadel und Faden
- ♣ Eine weiche Decke
- ♣ Die Füße Ihres Babys

Lerneffekt
- ♣ Augen-Hand- und Augen-Fuß-Koordination
- ♣ Kontrolle der Motorik
- ♣ Problemlösung
- ♣ Visuelle Verfolgung

Anleitung
1. Besorgen Sie kleine, farbenfrohe Babysöckchen – Primärfarben (rot, blau und gelb) oder Regenbogenfarben eignen sich am besten.
2. Nähen Sie kleine Glöckchen, leichte Gegenstände, die Geräusche verursachen oder weiche, bunte Spielsachen fest an die Spitzen der Babysöckchen.
3. Legen Sie Ihr Baby auf dem Rücken auf die weiche Decke und ziehen Sie ihm die Söckchen an.
4. Schauen Sie zu, wie Ihr Baby mit seinen Füßchen spielt.

🪇 Variation
Nähen Sie kleine Glöckchen, leichte Gegenstände, die Geräusche verursachen, oder weiche, bunte Spielsachen an ein paar Baby-Fäustlinge anstatt der Söckchen fest und ziehen Sie Ihrem Baby die Fäustlinge an.

🖋 Sicherheitstipps
Stellen Sie sicher, dass die Gegenstände fest und sicher an die Söckchen bzw. Fäustlinge angenäht sind. Überprüfen Sie regelmäßig, ob sich etwas gelockert hat. Bringen Sie keine spitzen oder scharfen Gegenstände an, an denen sich Ihr Baby verletzen könnte. Achten Sie die ganze Zeit auf Ihr Baby.

HAB DICH!

Ihr Baby mag Überraschungen – so lange sie Spaß machen und nicht beängstigend sind! Spielen Sie eine Runde des aufregenden Spiels „Hab Dich!" mit diesem zusätzlichen, tollen Blickfang – dem „Hab Dich!"-Handschuh!

Materialien

- ♟ Ein weicher Handschuh
- ♟ Kleine, weiche Plüschtiere, ungefähr in der Größe des Handschuhs
- ♟ Nadel und Faden
- ♟ Eine weiche Decke oder eine Wippe

Lerneffekt

- ♟ Antizipation an Geschehnissen
- ♟ Emotionaler Ausdruck
- ♟ Soziale Interaktion
- ♟ Vertrauen

Anleitung

1. Nähen Sie ein kleines Plüschtier an die Oberseite des Handschuhs.
2. Legen Sie Ihr Baby auf dem Rücken auf eine weiche Decke oder setzen Sie es in eine Wippe.
3. Ziehen Sie den Handschuh an.
4. Wackeln Sie mit den Fingern und bewegen Sie Ihre Hand vor dem Gesicht Ihres Babys, so dass es das Plüschtier auf dem Handschuh sehen kann.
5. Machen Sie Tiergeräusche, während Sie den Handschuh bewegen, um die Aufmerksamkeit Ihres Babys zu erregen.
6. Legen Sie plötzlich die Hand mit dem Handschuh auf den Bauch, den Arm oder das Bein Ihres Babys und sagen Sie „Hab Dich!" mit einem breiten Lächeln.
7. Kitzeln Sie Ihr Baby ein wenig und beginnen Sie das Spiel von neuem.

🔑 Variation

Machen Sie für noch mehr Spaß zwei „Hab Dich!"-Handschuhe, für jede Hand einen! Befestigen Sie die Plüschtiere mit Klettverschluss an den Handschuh, so können Sie die Plüschtiere variieren und das Spiel bleibt länger interessant.

🖉 Sicherheitstipps

Wenn Ihr Baby ängstlich reagiert, sollten Sie die Bewegungen langsamer ausführen und sanft mit dem Baby sprechen. Lächeln Sie während des Spielens immer.

KLATSCH-SPIEL

Die Entwicklung der Augen-Hand-Koordination braucht Zeit, aber wenn Sie Ihr Baby genau beobachten, sehen Sie, dass es früh zu versuchen beginnt, seine kleine Händchen zu kontrollieren. Spaßige Fingerspiele können Ihrem Baby dabei helfen, seine Motorik zu trainieren.

Materialien
- Eine weiche Decke oder eine Wippe
- Fingerspiele, Lieder und Rhythmen
- Ihre Hände und die Ihres Baby

Lerneffekt
- Augen-Hand-Koordination
- Motorik
- Soziale Interaktion

Anleitung
1. Legen Sie Ihr Baby auf die Decke oder setzen Sie es in die Wippe. Setzen Sie sich nah daneben, so dass Ihr Baby Sie gut sehen kann.
2. Singen Sie Lieder und Reime, während Sie mit den Händen und Fingern Ihres Babys spielen. Versuchen Sie es mit folgenden Klatschliedern:

„Backe einen Kuchen"

Klopfe einen Kuchen, klopfe einen Kuchen Bäckermann,
(klatschen Sie mit den Händen Ihres Babys)
Backe uns einen Kuchen so schnell wie du kannst,
(wiederholen Sie das Klatschen)
Roll ihn und klopfe ihn,
(klopfen Sie die Hände des Babys)
und markiere ihn mit einem Strich,
(malen Sie einen Strich in die Handinnenflächen Ihres Babys)
Back ihn im Ofen für das Baby und für mich.
(stupsen Sie vorsichtig den Bauch Ihres Babys)

„Wenn Du fröhlich bist"

Wenn du fröhlich bist, dann klatsche in die Hand,
(Klatschen Sie mit den Händen Ihres Babys)
wenn du fröhlich bist, dann klatsche in die Hand.
(Klatschen Sie mit den Händen Ihres Babys)
Ja du kannst es allen zeigen, musst Gefühle nicht verschweigen,
wenn du fröhlich bist, dann klatsche in die Hand.
(Klatschen Sie mit den Händen Ihres Babys)

„Maus und Elefant"

(Spreizen Sie die Finger Ihres Babys)
Maus (tippen Sie an die Fingerspitze des kleinen Fingers),
Maus (tippen Sie an die Fingerspitze des Ringfingers),
Maus (tippen Sie an die Fingerspitze des Mittelfingers),
Maus (tippen Sie an die Fingerspitze des Zeigefingers),
Elefant (rutschen Sie mit Ihrem Finger am Zeigefinger runter und am Daumen hoch),
Maus (tippen Sie an die Fingerspitze des Daumens),
Elefant (rutschen Sie mit Ihrem Finger am Daumen runter und am Zeigefinger hoch),
Maus (tippen Sie die Fingerspitze des Zeigefingers),
Wiederholen Sie den Vorgang mit Maus rückwärts bis zum kleinen Finger.

🎈 Variation

Versuchen Sie die Spiele mit den Füßen Ihres Babys. Bauen Sie den Namen Ihres
Babys in die Reime ein, wann immer möglich.

✏ Sicherheitstipps

Halten Sie die Hände Ihres Babys vorsichtig und sanft fest, während Sie spielen.

FRÖHLICHE FÜSSCHEN

Eines der Lieblingsspielzeuge Ihres Babys sind seine Füße! Sie sind weich und wackeln so schön, sie sind leicht zu greifen und es kitzelt, wenn man sie anfasst. Haben Sie und Ihr Baby viel Spaß beim Spielen und Singen!

Materialien
- Eine weiche Decke
- Kinderlieder und -reime
- Ihre Finger und die Füßchen Ihres Babys

Lerneffekt
- Körperbewusstsein
- Freude an Sinnesreizen
- Sprachentwicklung
- Motorik
- Soziale Interaktion

Anleitung
1. Suchen Sie sich ein schönes Kinderlied oder einen Kinderreim, zu dem Sie mit den Füßen und Zehen Ihres Babys spielen können.
2. Legen Sie Ihr Baby auf die Decke und knien Sie sich daneben, so dass Sie seine Füße greifen können.
3. Spielen Sie das „Fröhliche Füßchen"-Spiel, beispielsweise zu diesen Reimen:

„Kleine Schweinchen"
Dieses kleine Schweinchen ging zum Markt,
(wackeln Sie am großen Zeh)
Und dieses kleine Schweinchen blieb Zuhause,
(Wackeln Sie am zweiten Zeh)
Dieses kleine Schweinchen hatte Wackelpudding,
(Wackeln Sie am dritten Zeh)
Und dieses kleine Schweinchen hatte keinen,
(Wackeln Sie am vierten Zeh)
Und dieses kleine Schweinchen weinte den ganzen Weg heim.
(Wackeln Sie am kleinen Zeh)

„Leckere Füßchen"

Ein Zeh, (Wackeln Sie am ersten Zeh Ihres Babys)
zwei Zehen, (Wackeln Sie am zweiten Zeh)
drei Zehen, (Wackeln Sie am dritten Zeh)
vier Zehen, (Wackeln Sie am vierten Zeh)
fünf Zehen, (Wackeln Sie am fünften Zeh)
hmmm, ein ganzes Füßchen!
(Geben Sie vor, das Füßchen Ihres Babys essen zu wollen)

„Himpel und Pimpel"

Himpel und Pimpel heißen meine Füße, (Füße wackeln)
sind die besten Freunde, haben sich so lieb, (Füße aneinander reiben)
Himpel geht jetzt tanzen, (linken Fuß tanzend bewegen)
Pimpel hinterher, (auch den rechten bewegen)
beide kommen wieder, (Laufbewegung)
Tanzen ist nicht schwer.

✿ Variation

Spielen Sie das Spiel mit den Händen Ihres Babys.

⬭ Sicherheitstipps

Kitzeln Sie Ihr Baby nicht zu sehr. Wie Sie vielleicht aus eigener Erfahrung wissen, kann übermäßiges Kitzeln auch unangenehm sein.

ZAUBERSPIEGEL

Zuerst wird Ihr Baby neugierig den Fremden im Spiegel betrachten, aber schon bald wird es sich begeistert in diesem faszinierenden Objekt namens Spiegel betrachten.

Materialien
- Ein großer (möglichst Ganzkörper-) Spiegel
- Requisiten wie Hüte, Kleidungsstücke, Puppen

Lerneffekt
- Steigerung des Selbstbewusstseins
- Kennenlernen der verschiedenen Körperteile
- Kennenlernen des Spiegelbilds
- Verständnis der Umgebung

Anleitung
1. Lehnen Sie einen großen Spiegel gegen eine Wand.
2. Setzen Sie sich mit Ihrem Baby auf dem Schoß nah vor den Spiegel.
3. Lassen Sie Ihr Baby den Spiegel berühren und erkunden.
4. Interagieren Sie mit dem Spiegelbild. Winken Sie, ziehen Sie Grimassen, berühren Sie den Spiegel, neigen Sie den Kopf, usw.
5. Verwenden Sie Requisiten: Setzen Sie sich oder dem Baby einen Hut auf, bedecken Sie den Kopf Ihres Babys mit einem dünnen Tuch oder halten Sie eine Puppe vor den Spiegel.
6. Beenden Sie das Spiegel-Spiel, indem Sie auf die verschiedenen Körperteile Ihres Babys zeigen und diese benennen.

Variation
Legen Sie einen unzerbrechlichen Spiegel oder einen Spiegel mit Sicherheitsglas auf eine weiche Decke und legen Sie Ihr Baby darauf. Lassen Sie Ihr Baby sich selbst anschauen, wie es seinen Kopf, Hände und Beine hebt. Schauen Sie auch in den Spiegel, damit Ihr Baby Sie sehen kann.

Sicherheitstipps
Achten Sie darauf, dass der Spiegel sicher steht, so dass er nicht umfallen und Ihr Baby verletzen kann. Benutzen Sie nach Möglichkeit einen Spiegel mit Sicherheitsglas.

MUND-MUSIK

Wetten, dass Sie nicht wussten, dass Sie eine ganze Kapelle in Ihrem Mund haben?! Ihr Baby liebt es, verschiedenen Geräuschen zu lauschen und Ihr Mund ist das perfekte Instrument für eine spaßige Symphonie.

Materialien
- Ihr Mund, die Zunge, Zähne und Lippen

Lerneffekt
- Gehörentwicklung
- Imitieren von Geräuschen und Klängen, Sprachentwicklung
- Lokalisierung von Geräuschen und Klängen

Anleitung
1. Halten Sie Ihr Baby auf Ihrem Schoß, Ihnen zugewandt, so dass es Ihr Gesicht gut sehen kann.
2. Machen Sie Geräusche und Klänge mit Ihrem Mund, beispielsweise:
    - Küssen und Schmusen
    - mit der Zunge schnalzen
    - Motorbootgeräusche (Luft durch die geschlossenen Lippen pressen)
    - Gurgeln, Zischen, Quietschen, Knurren
    - Pfeifen, Singen, Summen
    - Imitieren Sie Tiergeräusche (z.B. Ente, Hund, Katze, Pferd, Kuh, Schwein, Huhn, Affe, Schlange, Vogel, Esel, usw.)

🪇 Variation
Verwenden Sie ein paar Requisiten, um Ihre Mund-Musik zu unterstreichen, beispielsweise eine Kazoo, eine Harmonika, ein Spielhorn, ein selbstgebasteltes Megafon (Toilettenpapierrolle) oder ein Grashalm zwischen Ihren Daumen.

🖉 Sicherheitstipps
Stellen Sie sicher, dass die Instrumente auch zum Ausprobieren für Ihr Baby geeignet sind. Machen Sie keine zu lauten Geräusche, damit Sie nicht das Gehör Ihres Babys schädigen. Wenn Ihrem Baby ein bestimmtes Geräusch nicht gefällt, wiederholen Sie es nicht.

MUSIKALISCHE MOMENTE

Ihr Baby kann zwar bereits im Mutterleib hören, allerdings sind die Geräusche gedämpft. Nach der Geburt sind Geräusche für Ihr Baby dann unerklärliche Sensationen. Dieses Spiel fördert das Gehör Ihres Babys.

Materialien
- ♣ Ein tragbares Aufnahmegerät
- ♣ Verschiedene Geräusch- und Klangquellen
- ♣ Eine weiche Decke oder eine Wippe

Lerneffekt
- ♣ Geräusch-Differenzierung
- ♣ Geräusch-Identifizierung
- ♣ Geräusch-Lokalisierung

Anleitung
1. Nehmen Sie mit dem Aufnahmegerät verschiedene Geräusche auf, z.B. Hundegebell, das Geräusch vom Vater oder von der Mutter, wenn sie nach der Arbeit nach Hause kommen, die Türklingel, das Telefon, das Musikspiel des aufziehbaren Spielzeugs in der Babywiege und andere geräuscherzeugende Spielsachen. Nehmen Sie auch ungewöhnliche Geräusche auf, wie Werbejingles, Geräusche beim Kochen, Tier- und Mundgeräusche.
2. Legen Sie Ihr Baby auf eine weiche Decke oder setzen Sie es in die Wippe. Reduzieren Sie alle anderen Geräusche auf ein Minimum.
3. Spielen Sie die Aufnahme mit den Geräuschen für Ihr Baby ab.
4. Beobachten Sie Ihr Baby bei jedem neu abgespielten Geräusch. Benennen Sie danach das Geräusch in einfachen Worten.

🔑 Variation
Nehmen Sie Stimmen mit dem Aufnahmegerät auf. Beginnen Sie mit Ihrer Stimme. Singen Sie ein Lied oder sprechen Sie einen Kinderreim. Nehmen Sie dann auch die Stimmen der restlichen Familienmitglieder auf. Sie können auch Ihre eigene Stimme bei der Aufnahme verändern.

🔒 Sicherheitstipps
Wenn Ihr Baby verängstigt auf die Geräusche reagiert, sollten Sie die Lautstärke des Aufnahmegerätes reduzieren und die Geräusche noch einmal selbst machen, damit Ihr Baby die Angst verliert.

GUCK-GUCK!

Bei einer Runde „Guck-Guck!" kann Ihr Baby viel lernen, wie beispielsweise das Konzept der Objektpermanenz, wenn Ihr Gesicht verschwindet und wieder auftaucht.

Materialien
- ⚲ Ihr Gesicht
- ⚲ Ein Taschentuch, ein Waschlappen oder ein anderes kleines Tuch

Lerneffekt
- ⚲ Antizipation
- ⚲ Ursache und Wirkung
- ⚲ Denkvermögen
- ⚲ Emotionaler Ausdruck
- ⚲ Objektpermanenz
- ⚲ Soziale Interaktion

Anleitung
1. Halten Sie Ihr Baby auf dem Schoß, Ihnen zugewandt.
2. Sprechen Sie mit Ihrem Baby, lächeln Sie es an oder ziehen Sie eine Grimasse, um seine Aufmerksamkeit zu erregen.
3. Wenn Sie seine Aufmerksamkeit sicher haben, bedecken Sie Ihr Gesicht und Ihren Kopf mit dem Tuch, so dass Ihr Baby Sie nicht sehen kann.
4. Nehmen Sie das Tuch nach ein Paar Sekunden vom Kopf und sagen Sie mit einem breiten Lächeln „Guck-Guck!".
5. Wiederholen Sie den Vorgang mehrere Male.

🔑 Variation
Bedecken Sie das Gesicht Ihres Babys mit dem Tuch. Nehmen Sie das Tuch nach ein paar Sekunden vom Gesicht des Babys und sagen Sie „Guck-Guck!" – oder lassen Sie Ihr Baby das Tuch selbst wegnehmen. Sie können auch eine Puppe verwenden, so können Sie das Spiel zusammen mit Ihrem Baby spielen. Für eine Steigerung können Sie vor einem Spiegel spielen, so sieht Ihr Baby mehrere Gesichter.

🔏 Sicherheitstipps
Verwenden Sie ein leichtes Tuch, um den Kopf Ihres Babys zu bedecken. Lassen Sie das Tuch nicht zu lang auf dem Gesicht. Wiederholen Sie das Spiel, bis Ihr Baby die Grundlage des Spiels verstanden hat. Erst dann sollten Sie das Spiel abändern.

STERNSCHNUPPEN

In den ersten Monaten genießt Ihr Baby es einfach, seine Welt zu beobachten. Licht, Farben und Bewegungen bieten Stunden voll sensorischen Vergnügens. Dies ist die perfekte Zeit, um mit Ihrem Baby eine Runde „Sternschnuppen" zu spielen.

Materialien
- ♣ Eine weiche Decke
- ♣ Bunte, leichte Pom-Poms in verschiedenen Größen
- ♣ Eine Wippe
- ♣ Ein Stuhl

Lerneffekt
- ♣ Antizipation
- ♣ Augen-Hand-Koordination
- ♣ Soziale Interaktion
- ♣ Visuelle Verfolgung und Sehschärfe

Anleitung
1. Legen Sie Ihr Baby auf eine weiche Decke oder setzen Sie es in die Wippe.
2. Stellen Sie einen Stuhl neben Ihr Baby, so dass Sie sich darüber beugen können.
3. Halten Sie einen großen Pom-Pom über den Bauch Ihres Babys und sprechen Sie mit Ihrem Baby, um seine Aufmerksamkeit zu erregen.
4. Wenn Sie die Aufmerksamkeit Ihres Babys haben, sagen Sie „Hier kommt die Sternschnuppe!" und lassen Sie den Pom-Pom auf den Bauch Ihres Babys fallen.
5. Lächeln Sie Ihr Baby an, damit es weiß, dass Sie Spaß haben.
6. Wiederholen Sie das Spiel mit einem kleineren Pom-Pom.

🎇 Variation
Anstatt der Pom-Poms können Sie auch leichte, farbenfrohe und weiche Gegenstände im Haus suchen und diese als Sternschnuppen benutzen, zum Beispiel ein trockener, sauberer Schwamm, Federn, Papierbälle, kleine weiche Plüschtiere, usw.

✏ Sicherheitstipps
Alle Gegenstände, die Sie als Sternschnuppen verwenden, sollten weich und leicht sein, damit sich Ihr Baby nicht verletzen kann. Wenn eines der Objekte Ihr Baby verängstigt, sollten Sie es nicht weiter verwenden. Lassen Sie die Objekte nur langsam auf den Bauch Ihres Babys fallen und niemals auf das Gesicht. Lächeln Sie während des Spielens, um Ihrem Baby den Sinn von Spaß näherzubringen.

STICKER-GESICHT

Die visuellen Fähigkeiten Ihres Babys sind bereits bei seiner Geburt überraschend gut ausgebildet. Es kann direkt nach der Geburt Augenkontakt herstellen und mit drei Monaten mag es besonders gerne fröhliche Farben, starke Kontraste und visuelle Überraschungen.

Materialien

- ♀ Ihr Gesicht
- ♀ Farbenfrohe Sticker oder Punkte, die nicht zu stark kleben

Lerneffekt

- ♀ Augen-Hand-Koordination
- ♀ Fokussierung
- ♀ Visuelle Lokalisierung von Objekten

Anleitung

1. Setzen Sie sich mit angezogenen Knien in einen gemütlichen Sessel oder auf den Boden. Legen Sie Ihr Baby in Ihren Schoß gegen Ihre Beine gelehnt, so dass es Sie anschauen kann.
2. Lassen Sie Ihr Baby Ihr Gesicht anschauen, während Sie mit ihm sprechen.
3. Kleben Sie einen farbenfrohen Sticker irgendwo auf Ihr Gesicht – auf die Wange, die Stirn, das Kinn oder die Nase – und beobachten Sie die Reaktion Ihres Babys.
4. Platzieren Sie den Sticker nach ein paar Minuten auf eine andere Stelle in Ihrem Gesicht und beobachten Sie, wie Ihr Baby die neue Stelle fokussiert.
5. Für noch mehr Spaß können Sie auch einen Sticker auf Ihre Zunge kleben. Strecken Sie Ihre Zunge raus und überraschen Sie Ihr Baby damit.
6. Kleben Sie Sticker auf Ihre Augenlider und schließen Sie Ihre Augen, so dass Ihr Baby die Sticker sehen kann.
7. Kleben Sie Sticker auf beide Wangen, bedecken Sie Ihre Wangen mit den Händen und spielen Sie „Guck-Guck!".

🔑 Variation

Kleben Sie Sticker auf die Hände Ihres Babys (nicht zu fest) und beobachten Sie Ihr Baby dabei, wie es die Sticker entdeckt. Wenn es die Hände zum Finden der Sticker benutzt, ist dies ein erstes Zeichen für den Beginn einer Eigenwahrnehmung.

✎ Sicherheitstipps

Achten Sie darauf, dass Ihr Baby die Sticker nicht in den Mund nimmt und versehentlich verschluckt.

SCHNUCKEL-ROLLE

Ihr Baby braucht Monate, um die volle Kontrolle über seine Körperbewegungen zu erlangen. Sie können es dabei unterstützen, indem Sie in den ersten Wochen einige Runden „Schnuckel-Rolle" spielen. Mit vier bis sechs Monaten wird sich Ihr Baby alleine auf die andere Seite rollen können!

Materialien
- Eine weiche Decke oder ein weiches Handtuch
- Weicher Untergrund (dicker Teppich oder ein Bett)

Lerneffekt
- Ausrichtung
- Fortbewegung
- Kontrolle der Motorik

Anleitung
1. Breiten Sie eine weiche Decke oder ein Handtuch auf einem weichen Untergrund aus.
2. Legen Sie Ihr Baby auf dem Bauch auf die Decke.
3. Nehmen Sie ein Ende der Decke und heben Sie es ganz vorsichtig an, so dass Ihr Baby langsam zur Seite rollt.
4. Rollen Sie Ihr Baby auf diese Weise langsam und vorsichtig über. Sprechen Sie währenddessen mit Ihrem Baby und stützen Sie Ihr Baby während der Bewegung mit Ihrer Hand.
5. Zeigen Sie, dass Sie sich freuen, wenn Ihr Baby sich auf die andere Seite gerollt hat.
6. Wiederholen Sie das Spiel, bis Ihr Baby keine Lust mehr hat.

⚲ Variation
Anstelle einer Decke oder eines Handtuchs können Sie auch einfach nur Ihre Hände benutzen. Schieben Sie einen Arm unter Ihr Baby und heben Sie Ihn an, so ist es einfacher zu rollen.

✎ Sicherheitstipps
Führen Sie die Bewegung langsam und vorsichtig aus und halten Sie Ihr Baby mit einer Hand. So kann es sich nicht verletzen und nicht zu schnell auf die andere Seite rollen.

BÄUCHLEIN-FLÜSTERER

Ihr Baby lernt Sprache bereits, bevor es selbst seine ersten Worte äußert. Sie
können Ihrem Baby bei der Entwicklung helfen, indem Sie, zusätzlich zur direkten
Ansprache, eine Runde „Bäuchlein-Flüsterer" spielen. So wird Sprache und Sprechen zu einem sensorischen Erlebnis!

Materialien

- Ihr Mund
- Eine weiche Decke

Lerneffekt
- Körperbewusstsein
- Sprachentwicklung
- Sensomotorische Erforschung
- Soziale Interaktion

Anleitung
1. Legen Sie Ihr Baby nackt oder mit einer Windel bekleidet auf dem Rücken
   auf eine weiche Decke.
2. Knien Sie sich neben Ihr Baby und erzählen Sie ihm etwas. Reiben Sie währenddessen sanft seinen Bauch.
3. Jetzt ist es Zeit für den „Bäuchlein-Flüsterer": Drücken Sie Ihr Gesicht und
   Ihren Mund auf den Bauch Ihres Babys und sprechen oder singen Sie etwas.
   Sie können auch einfach lustig klingende Worte erfinden. Variieren Sie Tonhöhe und Lautstärke während Sie sprechen.
4. Beenden Sie Ihre Worte mit ein paar Küsschen auf den Bauch.
5. Setzen Sie sich jedes Mal auf und lächeln Sie Ihr Baby nach jeder Runde
   „Bäuchlein-Flüsterer" an. Ihr Baby sollte während des Spielens vor Freude
   kichern und glucksen.

🔑 Variation
Anstatt zu sprechen können Sie auch Geräusche mit Ihrem Mund auf dem Bauch
Ihres Babys machen, z.B. Motorbootgeräusche, Schnalzlaute, usw.

✐ Sicherheitstipps
Sprechen Sie nicht zu laut, damit sich Ihr Baby nicht erschreckt. Und wenn Ihr Baby
komplett nackt ist, sollten Sie immer eine Windel griffbereit haben, für eventuelle
kleine Missgeschicke.

Drei bis sechs Monate

Ab diesem Punkt seiner Entwicklung lernt Ihr Baby durch seine fünf Sinne.
Bei der Geburt sind die am stärksten ausgeprägten Sinne Hören und Riechen.
Das Baby kann die Stimme der Mutter erkennen und kurze Zeit später auch die
des Vaters. Es kann auch verschiedene, ihm vertraute Geräusche unterscheiden,
wie beispielsweise der Schlüssel von Mama oder Papa in der Tür, das Bellen des
Hundes und den Klang der Türklingel. Der Geruchssinn ist ebenfalls bereits weit
entwickelt. Das Baby erkennt seine Mutter am Geruch und nimmt oftmals kein
Fläschchen von jemandem an, wenn diese Person nicht wie seine Mutter riecht!
Auch der Tastsinn Ihres Babys entwickelt sich rapide. Von Geburt an mag Ihr
Baby es sehr, gehalten oder massiert zu werden. Es macht sehr schnelle Ent-
wicklungssprünge dadurch, getragen und berührt zu werden. Ihr Baby hat zu
diesem Zeitpunkt seiner Entwicklung noch kein Langzeitgedächtnis für Schmerzen,
deswegen sind kleine Blessuren schnell vergessen und vergeben.
Sehen und Schmecken sind sich eher langsam entwickelnde Sinne. Die Sehschärfe
Ihres Babys beträgt anfänglich 20/200. Wenn Ihr Baby ein Jahr alt ist, hat sich
die Sehschärfe auf ca. 20/20 gesteigert. Ihr Baby schaut sich gerne interessante
Dinge an, dabei ist es aber generell eher an Gesichtern als an Bildern interessiert,
speziell an Gesichtern von anderen Babys. Bei der Geburt kann Ihr Baby bereits
Ihrem Finger folgen, wenn Sie den Finger wenige Zentimeter vor sein Gesicht
halten. Mit drei Monaten erkennt es auch Dinge, die weiter von ihm entfernt sind.
Ihr Baby wird sich fast alles in den Mund stecken – weniger des Geschmacks
wegen als vielmehr zur oralen Erforschung. Es „tastet" die Gegenstände im
Mund mit Zunge und Lippen ab. So kann es erkennen, ob etwas kalt oder heiß,
hart oder weich, groß oder klein ist. Dennoch ist Ihr Baby nicht bereit für den
Geschmack von Babynahrung, bis es sechs Monate alt ist. Bis dahin sollte Ihr
Baby seinen Mund zum Erforschen und zum Trinken der Muttermilch oder der
Flaschennahrung benutzen.

Helfen Sie Ihrem Baby mit Hilfe der Spiele in diesem Kapitel dabei, seine fünf
Sinne zu entdecken.

NAMENSLIED

Sie können das „Namens-Lied" jederzeit singen, auch wenn Ihr Baby nachts aufwacht und Hilfe braucht, um wieder einzuschlafen. Und keine Sorge, es wird kein Gesangstalent verlangt!

Material
- ♫ Ihre Stimme
- ♫ Ein Repertoire an Liedern

Lerneffekt
- ♫ Sprachentwicklung
- ♫ Gehörentwicklung
- ♫ Soziale Interaktion

Anleitung
1. Stellen Sie sicher, dass Ihr Baby es gemütlich hat und in Hörweite ist – es kann in Ihrem Schoß oder in einer Wippe liegen oder sitzen, aber es sollte Ihnen in jedem Fall zugewandt sein, so dass es Ihr Gesicht sehen kann.
2. Suchen Sie sich ein schönes Lied aus und personalisieren Sie das Lied mit dem Namen Ihres Babys. Tauschen Sie zum Beispiel bei dem Lied „Schlaf Kindchen, schlaf!" das "Kindchen" mit dem Namen Ihres Babys aus.
3. Fügen Sie den Namen Ihres Babys so häufig wie möglich in den Liedtext ein.
4. Probieren Sie es mit verschiedenen Liedern aus, wie beispielsweise „Ein (Männlein) steht im Walde" oder „(Hänschen) klein", dabei sollten Sie die Worte in Klammern mit dem Namen Ihres Babys austauschen.

🎵 Variation
Beziehen Sie Informationen über Ihre Familie, Tiere, das Spielzeug Ihres Babys, usw. in die Lieder mit ein. So bleibt Ihr Baby aufmerksam und sein Vokabular wird erweitert.

✏ Sicherheitstipps
Versuchen Sie, nicht schief zu singen, das könnte irreparable Schäden am Gehör Ihres Babys erzeugen (ein kleiner Scherz!).

BABY IM BUS

Es ist Zeit für ein Baby-Workout zu der Melodie von „Die Räder vom Bus". Diese Bewegungen halten Ihr Baby fit, und dazu ist man ist nie zu jung!

Materialien

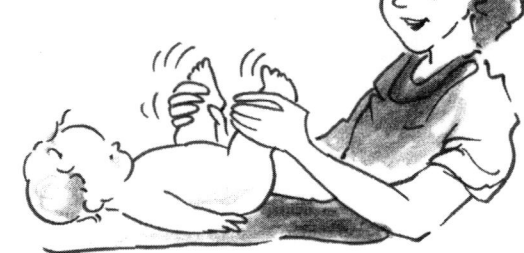

♀ Eine weiche Decke oder ein Handtuch auf einem weichen Untergrund

♀ Ihre Stimme

Lerneffekt

♀ Sprachentwicklung

♀ Kontrolle der Motorik

♀ Körper- und Muskeltraining

Anleitung

1. Legen Sie Ihr Baby auf dem Rücken auf eine Decke oder ein Handtuch.
2. Ziehen Sie Ihr Baby aus – ob Sie die Windel auch ausziehen, bleibt Ihnen überlassen.
3. Singen Sie das folgende Lied und bewegen Sie dabei die entsprechenden Körperteile Ihre Babys:

„Die Räder vom Bus"

(Nehmen Sie die Beine Ihres Babys und fahren Sie mit ihm Fahrrad, während Sie die ersten vier Verse singen)

Die Räder am Bus dreh'n sich rundherum, rundherum, rundherum,

Die Räder am Bus dreh'n sich rundherum, den ganzen Tag.

Die Menschen im Bus gehen auf und ab,

(Heben Sie die Arme Ihres Babys auf und ab)

Die Scheibenwischer am Bus machen Wisch, Wisch, Wisch,

(Rollen Sie Ihr Baby von einer Seite auf die andere hin und her)

Die Hupe des Busses macht Biep, Biep, Biep.

(Berühren Sie die Nase Ihres Babys)

✒ Variation

Denken Sie sich mehr Verse für das Lied aus und bewegen Sie noch zusätzliche Körperteile Ihres Babys.

⊘ Sicherheitstipps

Bewegen Sie Ihr Baby immer sanft.

BOOTSFAHRT

Dies ist ein aufregendes Spiel, das Sie mit Ihrem Baby spielen können, wenn es etwas kräftiger ist und sich mehr bewegen möchte. Geben Sie Ihrem Baby eine Bootsfahrt durch Ihr Haus, so dass es eine ganz neue Welt entdecken kann.

Materialien
- ♣ Zwei kleine weiche Decken oder ein großes Handtuch
- ♣ Eine große, ebene Fläche

Lerneffekt
- ♣ Balance
- ♣ Entdecken
- ♣ Visuelle Stimulation

Anleitung
1. Breiten Sie die weichen Decken auf einem weichen Untergrund übereinander aus, so wird es noch bequemer für Ihr Baby.
2. Legen Sie Ihr Baby auf dem Rücken auf die Decken.
3. Nehmen Sie ein Ende der Decken und ziehen Sie Ihr Baby auf den Decken vorsichtig durch das Zimmer.
4. Beschreiben Sie einige der Dinge, an denen Sie Ihr Baby vorbeiziehen.

🖋 Variation
Legen Sie Ihr Baby auf dem Bauch auf die Decken, damit es eine neue Perspektive erhält. Stützen Sie die Brust Ihres Babys mit einem kleinen Kissen oder einem weichen Spielzeug.

🖉 Sicherheitstipps
Legen Sie noch etwas Weiches unter den Kopf Ihres Babys, wenn es auf dem Rücken liegt. Bewegen Sie die Decken sehr langsam und halten Sie nach Unebenheiten Ausschau.

FLIEG, BABY, FLIEG

Sobald Ihr Baby eine Tiefenwahrnehmung entwickelt, möchte es gerne mehr von seiner Umgebung sehen. Halten Sie es hoch, damit es die Welt aus der Vogelperspektive erfahren kann. Untermalen Sie den Flug Ihres Babys musikalisch mit einem Lied.

Materialien
- ♣ Ihre Hände
- ♣ Interessante Gegenstände und Dinge, die Ihr Baby betrachten kann, innerhalb und außerhalb des Hauses

Lerneffekt
- ♣ Balance
- ♣ Kontrolle von Kopf und Körper
- ♣ Visuelle Verfolgung und Tiefenwahrnehmung

Anleitung
1. Halten Sie Ihr Baby unter dem Arm fest oder legen Sie es über Ihre Unterarme und Hände.
2. Heben Sie Ihr Baby hoch und runter, drehen Sie sich langsam mit ihm im Kreis und lassen Sie Ihr Baby die Welt aus dieser Perspektive betrachten. Singen Sie eines der folgenden Lieder, während Sie Ihr Baby fliegen lassen:

„Aus dem Fenster"
Aus dem Fenster hinein und hinaus (3x wiederholen)
So wie auch zuvor

„Schnell läuft das Wiesel"
Schnell läuft das Wiesel
Um den Maulbeerbaum herum,
Jagt der Affe das Wiesel.
Für den Affen ist es ein Spaß,
Schnell läuft das Wiesel!

🎤 Variation
Singen Sie jedes Lied, das Ihnen einfällt, bei dem man den Körper bewegen kann.

✏ Sicherheitstipps
Halten Sie Ihr Baby gut fest, damit es keine Angst bekommt und damit Sie es nicht versehentlich fallen lassen, während es fliegt.

STRIPPENZIEHER

Kinder jeden Alters lieben Überraschungs-Spiele, warum also nicht damit starten, wenn sie noch klein sind? Ihr Baby wird das Element der Überraschung lieben, während es seine Fähigkeiten zum Problemlösen steigert, um zu bekommen, was es will.

Materialien
- Ein Seil
- Ein buntes Spielzeug
- Klebeband
- Ein Tisch

Lerneffekt
- Antizipation von Ereignissen
- Ursache und Wirkung
- Objektpermanenz
- Problemlösung

Anleitung
1. Binden Sie ein Ende des Seils um ein farbenfrohes Spielzeug.
2. Legen Sie das Seil über einen Tisch und lassen Sie das Spielzeug am Ende des Tisches herunterhängen, sodass man es nicht sieht.
3. Kleben Sie das andere Ende des Seils mit Klebeband am Tisch fest.
4. Setzen Sie Ihr Baby auf Ihren Schoß, sodass es den Tisch und das Seil sehen kann.
5. Entfernen Sie das Klebeband und lassen Sie das Seilende von Ihrem Baby festhalten.
6. Lassen Sie Ihrem Baby Zeit, mit dem Seil zu experimentieren.
7. Regen Sie Ihr Baby an, das Seil zu sich zu ziehen und sagen Sie dabei Dinge wie „Was ist das denn?" oder „Wo ist das Spielzeug?". Wenn Ihr Baby an dem Seil zieht, wird das Spielzeug am anderen Ende des Tisches auftauchen und für eine tolle Überraschung sorgen.
8. Warten Sie ab, ob Ihr Baby es schon alleine schafft, das Spielzeug bis zu sich herüberzuziehen.

🔑 Variation

Sie können das Spielzeug auch in Sichtweite Ihres Babys legen, damit Ihr Baby alleine ausprobieren kann, wie man das Seil benutzt.

🔏 Sicherheitstipps

Passen Sie auf, dass sich Ihr Baby nicht im Seil verheddert.

HUT AB!

Ihr Baby beginnt gerade, Gesichter zu erkennen und wird an diesem Spiel viel Freude haben. Zwar können Sie Ihr Baby wahrscheinlich nicht allzu lange täuschen, aber es wird großen Spaß daran haben, Hüte vom Kopf zu ziehen und wieder aufzusetzen.

Materialien
- Verschiedene Hüte
- Eine Wippe
- Ihr Gesicht und Ihr Kopf

Lerneffekt
- Ursache und Wirkung
- Bewältigung des Fremdelns
- Objektpermanenz
- Soziale Interaktion

Anleitung
1. Sammeln Sie eine Auswahl an verschiedenen Hüten in Ihrem Haus zusammen, oder kaufen Sie günstige Hüte bei einem Party-Geschäft oder in einem Secondhandshop. Ihre Kollektion sollte verschiedene Modelle beinhalten (Baseball-Cap, Strickmütze, Feuerwehrhelm, Clown-Hut, Melone, Barett, Badekappe, Feder-Hut, usw.).
2. Setzen Sie Ihr Baby in die Wippe auf den Boden und setzen Sie sich davor.
3. Setzen Sie sich den ersten Hut auf und machen Sie lustige Grimassen. Sagen Sie etwas wie: „Schau mal wie ich aussehe!", um die Aufmerksamkeit Ihres Babys zu erregen.
4. Lehnen Sie sich in Richtung Ihres Babys nach vorne, so dass es Ihren Hut greifen und Ihnen vom Kopf ziehen kann.
5. Wiederholen Sie das Spiel einige Male, bis Sie den Hut wechseln.

🔎 Variation
Setzen Sie Ihrem Baby und sich selbst einen Hut auf und betrachten Sie sich gemeinsam im Spiegel.

✐ Sicherheitstipps

Manchmal reagieren Babys verängstigt, wenn Menschen sich äußerlich verändern. Wenn sich Ihr Baby aufregen sollte, setzen Sie den Hut immer nur kurz auf und nehmen Sie ihn wieder ab, damit Ihr Baby sehen kann, dass Sie immer noch Mama/Papa sind. Wenn sich Ihr Baby immer noch nicht beruhigt, sollten Sie das Spiel abbrechen und zu einem späteren Zeitpunkt wiederholen.

KICKER

Dieses Spiel fordert Sie und Ihr Baby gleichermaßen heraus und es ist ein tolles Training für Ihr Baby. Es hilft dabei, Muskelkraft und Koordination aufzubauen und macht zudem einfach Spaß!

Materialien
- Ein leichter Plastikball, ca. 10-15 cm Durchmesser
- Eine weiche Decke auf einem weichen Untergrund

Lerneffekt
- Ursache und Wirkung
- Koordination
- Entwicklung der Grobmotorik

Anleitung
1. Legen Sie Ihr Baby auf dem Rücken auf eine weiche Decke.
2. Heben Sie die Beine Ihres Babys in die Luft.
3. Legen Sie den Ball auf die Füße Ihres Babys und versuchen Sie, den Ball oben zu halten, während Ihr Baby die Beine bewegt.
4. Drehen Sie den Ball und versuchen Sie weiterhin, den Ball auf den Füßen Ihres Babys zu halten, während er sich dreht.

✎ Variation
Lassen Sie den Ball aus sehr kurzer Entfernung auf die Beine Ihre Babys fallen und warten Sie darauf, ob Ihr Baby versucht, den Ball wegzuschießen. Probieren Sie es solange, bis Ihr Baby den Ball wegschießt oder aber das Interesse verliert.

⊘ Sicherheitstipps
Achten Sie darauf, dass Ihr Baby auf einem weichen Untergrund liegt, da das Spielen sehr anstrengend ist und es mit dem Kopf auf den Boden stoßen könnte. Passen Sie auf, dass der Ball Ihrem Baby nicht ins Gesicht fällt.

KLEINE LOKOMOTIVE

Jetzt, da Ihr Baby mit Unterstützung aufrecht sitzen kann, können Sie mit Ihrem Baby „Kleine Lokomotive" spielen und es dabei auf einen kleinen Ausflug mitnehmen. Es wird die Fahrt und die Aussicht dabei lieben. Alles, was Sie dafür benötigen, ist ein schlichter Karton!

Materialien
- Ein Karton, ca. 45-60 cm breit und 30 cm hoch
- Weiche Decken oder Handtücher
- Ein ca. 2 m langes Seil

Lerneffekt
- Balance
- Kontrolle von Kopf und Nacken
- Visuelle Verfolgung

Anleitung
1. Suchen Sie einen Karton aus, in dem Ihr Baby aufrecht sitzen kann. Schneiden Sie die Seitenwände des Kartons ab, so dass Ihr Baby über den Rand schauen kann.
2. Machen Sie zwei Löcher in die vordere Seitenwand, ungefähr auf halber Höhe.
3. Schieben Sie die Enden des Seils durch die Löcher in dem Karton und verknoten Sie sie auf der anderen Seite.
4. Legen Sie den Karton mit weichen Decken oder Handtüchern aus, damit Ihr Baby komfortabel und sicher in dem Karton sitzen kann.
5. Ziehen Sie Ihr Baby in seiner Lokomotive an dem Seil vorsichtig durch das Haus oder den Garten.

🔑 Variation
Malen Sie den Karton für noch mehr Spaß als Lokomotive, Flugzeug oder Boot an.

✏ Sicherheitstipps
Ziehen Sie Ihr Baby in dem Karton langsam und vorsichtig, damit es sich nicht den Nacken verletzt oder sich durch ruckartige Bewegungen erschreckt. Vermeiden Sie Stufen oder unebene Flächen.

RASSEL UND GLÖCKCHEN

Lassen Sie mit den Armen und Beinen Ihres Babys eine Symphonie erklingen! Ihr Baby wird schnell lernen, wie es sich am besten bewegt, damit es die Klänge erzeugt.

Materialien
- ♣ Elastische Haargummis, ca. 2,5-5 cm Durchmesser
- ♣ Nadel und Faden
- ♣ Glöckchen, kleine Rasseln oder andere Geräuschverursacher
- ♣ Eine weiche Decke oder eine Wippe

Lerneffekt
- ♣ Akustische Lokalisierung
- ♣ Ursache und Wirkung
- ♣ Motorik (linke und rechte Körperhälfte)

Anleitung
1. Nähen Sie die Glöckchen und Rasseln an den Haargummis fest.
2. Legen Sie Ihr Baby auf dem Rücken auf eine weiche Decke oder in die Wippe.
3. Streifen Sie die Haargummis mit den Glöckchen und Rasseln über die Hand- und Fußgelenke Ihres Babys.
4. Beobachten Sie, wie ihr Baby reflexartige Bewegungen mit Armen und Beinen macht und dabei Klänge mit den Glöckchen und Rasseln erzeugt. Beobachten Sie weiter, wie Ihr Baby lernt, diese Klänge gezielter zu erzeugen, indem es die Arme und Beine bewegt.

⚘ Variation
Nähen Sie die „Instrumente" auf kleine Socken oder Fäustlinge und ziehen Sie diese Ihrem Baby an.

⚬ Sicherheitstipps
Achten Sie darauf, dass die Glöckchen und Rasseln fest angenäht sind, damit sie sich nicht lösen und von Ihrem Baby verschluckt werden können. Nähen Sie keine Gegenstände an, die scharfkantig oder spitz sind.

FINGERPUPPEN-THEATER

Ihr Baby ist nun bereit für ein Fingerpuppenspiel für Fortgeschrittene! Benutzen Sie Ihre Phantasie, um eine ganze Reihe an Fingerpuppen, basierend auf Figuren aus den Lieblingsbüchern Ihres Babys, zu basteln. Wir haben uns beispielsweise für „Old MacDonald hat ´ne Farm" entschieden.

Materialien

- Ein Stoffhandschuh
- 5 bunte Bommel, ca. 2,5 cm Durchmesser
- Eine Heißklebepistole
- 10 kleine Klebeaugen
- Bunte Filzstücke

Lerneffekt

- Sprachbildung
- Soziale Interaktion
- Visuelle Verfolgung

Anleitung

1. Nehmen Sie 5 Bommel – z.B. beige für den Farmer, rosa für das Schwein, schwarz für die Kuh, gelb für das Huhn und weiß für die Ziege.
2. Kleben Sie die Bommel mit der Heißklebepistole an die Fingerspitzen des Handschuhs.
3. Kleben Sie die Augen auf (auf der Handinnenfläche) und verzieren Sie die einzelnen Fingerpuppen mit dem Filz, z.B. eine rosa Nase für das Schwein, große Hörner für die Kuh, gelbe Federn für das Huhn und kleine Hörner für die Ziege.
4. Lassen Sie den Kleber vollständig trocknen.
5. Setzen Sie Ihr Baby auf Ihren Schoß, Ihnen zugewandt.
6. Ziehen Sie den Handschuh an und singen Sie „Old Macdonald hat ´ne Farm" und wackeln Sie mit der jeweiligen Fingerpuppe an der entsprechenden Textstelle.

🎾 Variation

Sie können anstelle von „Old Macdonald hat ´ne Farm" auch „Drei kleine Schweinchen" singen, mit drei rosa Bommeln für die Schweinchen, einem schwarzen für den Wolf und einem weißen für den Wolf im Schafspelz.

🔑 Sicherheitstipps

Achten Sie darauf, dass die Bommel und die anderen Details fest angeklebt sind.

ÖFFNEN UND SCHLIESSEN

Ein paar Monate lang hat Ihr Baby nach der Geburt einen ausgeprägten Greifreflex, aber es hat Probleme damit, wieder loszulassen. Dieses Spiel wird Ihrem Baby dabei helfen, mehr Kontrolle über den Greifreflex und die Hände zu bekommen.

Materialien
- Kleine Spielsachen, die Ihr Baby gut greifen kann, z.B. Rasseln, Stofftiere, usw.
- Ein Tisch oder ein Hochstuhl

Lerneffekt
- Greifen und Loslassen
- Feinmotorik
- Kontrolle der Muskeln

Anleitung
1. Sammeln Sie eine Auswahl an verschiedenen Spielsachen, die gut in die Hände Ihres Babys passen.
2. Setzen Sie sich mit Ihrem Baby auf dem Schoß an einen Tisch oder setzen Sie Ihr Baby in einen Hochstuhl.
3. Legen Sie ein kleines Spielzeug in greifbare Nähe Ihres Babys.
4. Ermuntern Sie Ihr Baby, das Spielzeug zu greifen.
5. Nachdem Ihr Baby das Spielzeug gegriffen und damit gespielt hat, öffnen Sie vorsichtig die Finger Ihres Babys und nehmen Sie das Spielzeug weg.
6. Legen Sie das Spielzeug zurück auf den Tisch.
7. Singen Sie folgendes Lied, wenn Ihr Baby nichts in den Händen hält, öffnen und schließen Sie dabei die Hände und klatschen Sie mit den Händen Ihres Babys:

„Öffne und schließe sie"

Öffne und schließe sie, öffne und schließe sie,
und klatsch einmal kräftig los!
Öffne und schließe sie, öffne und schließe sie,
und leg Sie in den Schoß!

Variation
Anstatt die Finger Ihres Babys zu öffnen, können Sie ihm auch ein neues Spielzeug anbieten. Wenn Ihr Baby nach dem zweiten Spielzeug greift, sollte es das erste loslassen. Wenn dabei versehentlich das erste Spielzeug herunterfällt, sagen Sie "Ups! Du hast es fallen gelassen!" und heben Sie das Spielzeug auf. Warten Sie, ob Ihr Baby das zweite Spielzeug auch fallen lässt.

✐ Sicherheitstipps

Da Ihr Baby in dieser Entwicklungsphase sicherlich alles in den Mund nehmen wird, sollten Sie darauf achten, dass die Spielsachen alle sauber sind und keine scharfen Ecken haben.

SOCKENFREUND

Wenn sich das Sehvermögen Ihres Babys entwickelt, wird es Objekte auch in größeren Entfernungen deutlicher sehen können. Um das Sehvermögen und die Objektverfolgung weiter zu steigern, sollten Sie eine Handpuppe beim Füttern, Spielen oder beim Wickeln griffbereit haben.

Materialien
- Eine weiße, saubere Socke
- Permanent-Filzmarker

Lerneffekt
- Soziale Interaktion
- Sehschärfe
- Sprachentwicklung

Anleitung
1. Kaufen Sie ein Paar weiße Socken, die groß genug sind, um sie über Ihre Hände zu ziehen.
2. Malen Sie mit den Filzmarkern Augen, Augenbrauen, Nasen und Ohren auf die Zehenpartien der Socken. Malen Sie auf die Fersenpartien einen Mund und eine rote Zunge.
3. Setzen Sie Ihr Baby auf Ihren Schoß, auf den Wickeltisch oder in einen Kinderstuhl.
4. Ziehen Sie sich eine Handpuppe an und erfreuen Sie Ihr Baby mit Liedern, Reimen oder einfachen Gesprächen. Ziehen Sie auch noch die zweite Handpuppe an, für doppelt so viel Spaß.

✎ Variation
Dekorieren Sie einige Babysöckchen zu Baby-Handpuppen und ziehen Sie diese Ihrem Baby an, während Sie spielen. Sie können auch dreidimensionale Handpuppen mit Wackelaugen, Nasen aus Bommeln, Lippen aus Filz und Haaren aus Garn basteln.

✎ Sicherheitstipps
Nähen Sie die Details für die Gesichter fest an und lassen Sie Ihr Baby die Socken nicht in den Mund nehmen. Wenn Sie die Handpuppen mit Filzmarkern gestalten, sollten Sie Ihr Baby wegen der Tinte nicht an den Socken lutschen lassen.

3-6 Monate

HOPPE HOPPE REITER

Die Kopf- und Nackenmuskulatur Ihres Babys wird immer stärker, so dass Sie eine Runde „Hoppe Hoppe Reiter" spielen können. Singen Sie dabei Ihr liebstes Kinderlied oder einfach das „Hoppe Hoppe Reiter"-Lied.

Materialien

- Ihr Knie
- Eine kleine, weiche Decke oder ein weiches Handtuch

Lerneffekt

- Balance
- Kontrolle von Kopf und Nacken
- Sprachentwicklung
- Soziale Interaktion

Anleitung

1. Legen Sie sich die Decke über Ihren Oberschenkel, damit es schön weich für Ihr Baby ist.
2. Setzen Sie Ihr Baby Ihnen zugewandt auf Ihren Oberschenkel und halten Sie es zur Unterstützung unter den Armen.
3. Wippen Sie Ihr Baby mit dem Bein sanft auf und ab, während Sie ein Lied singen:

„Hoppe Hoppe Reiter"

Hoppe Hoppe Reiter,
wenn er fällt, dann schreit er,
fällt er in den Graben, fressen ihn die Raben,
fällt er in den Sumpf, macht der Reiter plumps.

4. Wiederholen Sie das Lied mehrere Male, bevor Sie ein anderes anstimmen.

Variation

Setzen Sie Ihr Baby anders herum auf Ihr Bein, so dass es Ihr Gesicht nicht sehen kann, und spielen Sie das Spiel erneut.

Sicherheitstipps

Wippen Sie Ihr Baby nicht zu heftig auf und ab und halten Sie es immer gut fest, damit es nicht herunterfällt.

REGENBAD

Unterstützen Sie Ihr Baby dabei, seine Umgebung durch seine Sinne zu entdecken. Spiele mit Wasser stimulieren die Sensomotorik, also verwandeln Sie die Badezeit in eine echte Sinneserfahrung!

Materialien
- ⚥ Metallspieße
- ⚥ Eine Plastikflasche, z.B. eine leere, ausgewaschene Spülmittelflasche
- ⚥ Eine Babywanne oder eine normale Badewanne

Lerneffekt
- ⚥ Freude an der Umgebung
- ⚥ Entwicklung der Sensomotorik
- ⚥ Soziale Interaktion

Anleitung
1. Stechen Sie mit einem Metallspieß mehrere Löcher in den Boden einer leeren Plastikflasche, ca. 2,5 cm weit auseinander.
2. Legen Sie Ihr Baby in eine Babywanne oder nehmen Sie gemeinsam ein Bad. Lassen Sie Ihr Baby langsam in das Wasser gleiten, damit es sich daran gewöhnen kann.
3. Füllen Sie die Plastikflasche mit Badewasser.
4. Halten Sie die Flasche hoch, so dass Ihr Baby sehen kann, wie das Wasser aus der Flasche tröpfelt.
5. Halten Sie die Flasche über Ihr Baby und lassen Sie es von den Wassertropfen kitzeln.
6. Halten Sie die Flasche über den Kopf Ihres Babys, falls es das mag.

🪀 Variation
Verwenden Sie verschiedene Plastikflaschen für die Wasserspiele, eine Sprühflasche eignet sich toll für sehr sanfte Wasserspiele.

✐ Sicherheitstipps
Versuchen Sie, kein Wasser in die Augen Ihres Babys laufen zu lassen, wenn Seife darin enthalten ist. Wenn Ihr Baby es nicht mag, Wasser ins Gesicht zu bekommen, sollten Sie das Wasser nur über den Körper tröpfeln lassen.

HÜ-HOTT

Lassen Sie Ihr Baby ein Runde reiten – ohne das Haus zu verlassen! Ihr Körper bzw. Ihr Bein ist das Transportmittel und mit Ihrer Stimme können Sie die Geräusche nachahmen. Also satteln Sie auf und lassen Sie Ihr Baby eine Runde drehen.

Materialien

- Ein bequemer Stuhl
- Ihr Bein
- Ein kleines Handtuch

Lerneffekt

- Balance
- Kontrolle des Kopfes
- Kontrolle der Motorik
- Soziale Interaktion

Anleitung

1. Ziehen Sie Ihre Schuhe aus und setzen Sie sich mit überschlagenen Beinen auf einen Stuhl.
2. Legen Sie sich ein kleines Handtuch über Ihren Knöchel.
3. Setzen Sie Ihr Baby Ihnen zugewandt mit hochgestreckten Armen auf das Handtuch auf Ihren Fuß.
4. Halten Sie Ihr Baby an den Händen fest und wippen Sie mit Ihrem Bein langsam und vorsichtig auf und ab. Singen Sie dazu ein Lied:

„Pferdchen lauf Galopp!"

Hopp, hopp, hopp,
Pferdchen lauf Galopp!
Über Stock und über Steine,
aber brich dir nicht die Beine!
Hopp, hopp, hopp,
Pferdchen lauf Galopp!

🪀 Variation

Setzen Sie Ihr Baby auf Ihr Knie anstelle des Knöchels und wippen Sie mit dem Bein auf und ab. Setzen Sie Ihr Baby für eine andere Perspektive anders herum.

🔒 Sicherheitstipps

Wippen Sie Ihr Baby auf keinen Fall zu heftig! Seien Sie vorsichtig, damit der empfindliche Nacken Ihres Babys geschont wird.

IM RAMPENLICHT

Dieses Spiel eignet sich besonders gut, um die visuelle Wahrnehmung Ihres Babys zu fördern. Es ist ein ruhiges Spiel, das Sie mit Ihrem Baby spielen können, kurz bevor Sie es ins Bett bringen.

Materialien
- ⚘ Ein dunkler Raum
- ⚘ Eine Taschenlampe

Lerneffekt
- ⚘ Ursache und Wirkung
- ⚘ Tiefenwahrnehmung
- ⚘ Wahrnehmung und Verständnis der Umgebung
- ⚘ Visuelle Verfolgung

Anleitung
1. Finden Sie einen Raum, den man komplett abdunkeln kann.
2. Setzen Sie sich mit Ihrem Baby auf dem Schoß auf einen Stuhl oder auf den Boden.
3. Schalten Sie das große Licht aus und die Taschenlampe an und richten Sie den Lichtstrahl auf eine Wand, bis Sie die Aufmerksamkeit Ihres Babys haben.
4. Sagen Sie etwas über das Licht, wie beispielsweise: „Oh, guck mal, das Licht!"
5. Lassen Sie den Schein der Taschenlampe langsam durch den Raum wandern und halten Sie bei interessanten Objekten inne.
6. Sagen Sie etwas über das Objekt, wenn es angestrahlt wird, wie: „Das ist Babys Teddybär!"
7. Scheinen Sie weiter mit der Taschenlampe durch den Raum, bis Ihr Baby genug von dem Spiel hat.

🪀 Variation
Lassen Sie Ihr Baby die Taschenlampe mit Ihrer Unterstützung halten und warten Sie ab, ob Ihr Baby herausfindet, wie man mit dem Licht spielen kann. Oder geben Sie Ihrem Baby eine eigene Taschenlampe.

⌀ Sicherheitstipps
Scheinen Sie nicht direkt in die Augen Ihres Babys. Wenn Ihr Baby Angst in der Dunkelheit bekommt, können Sie ein Nachtlicht einschalten, so ist das Licht der Taschenlampe trotzdem noch hell genug.

SCHNELLE SPINNE

Dieses Kitzelspiel wird jedes Mal aufregender. Es hilft Ihrem Baby auch dabei, vertrauter mit seinem Körper zu werden und bringt ihm soziale Interaktion näher.

Materialien
- Ihr Schoß oder ein Kinderstuhl
- Ihre Finger

Lerneffekt
- Antizipation
- Körperbewusstsein
- Sensorische Stimulation
- Soziale Interaktion

Anleitung
1. Entkleiden Sie Ihr Baby (eine Windel ist optional).
2. Setzen Sie Ihr Baby auf Ihren Schoß oder in einen Kinderstuhl.
3. Sagen Sie den folgenden Reim auf, entsprechend Ihrer Fingerbewegungen:

„Eine kleine Spinne"

Die winzig kleine Spinne krabbelt die Rinne rauf,

(wandern Sie mit Ihren Fingern von der Brust zum Kinn Ihres Babys)

dann kam der Regen und spült sie wieder raus,

(kitzeln Sie ihr Baby unter dem Kinn)

dann kam die liebe Sonne und trocknet alles auf,

(tätscheln Sie den Bauch Ihres Babys)

und die winzig kleine Spinne krabbelt wieder rauf.

(wandern Sie mit Ihrem Fingern wieder zur Brust Ihres Babys hoch)

4. Wiederholen Sie das Spiel, jedes Mal etwas schneller.

 Variation
Verwenden Sie anstelle Ihrer Finger ein kleines Stofftier. Besonders gut eignet sich eine kleine Spinne. Wenn Sie ein anderes Tier nehmen, ändern Sie das Lied dementsprechend um.

Sicherheitstipps
Kitzeln Sie nicht zu stark, ansonsten könnte es Ihr Baby eher irritieren anstatt es zu erfreuen.

MATSCHE-PATSCHE!

In diesem Alter wird Ihr Baby versuchen, alles mögliche mit seinen kleinen Finger-
chen zu greifen und aufzuheben. Spielen Sie eine Runde „Matsche-Patsche!" mit
Ihrem Baby, es entwickelt dadurch mehr Unabhängigkeit und seine Feinmotorik.
Als Bonus gibt es auch noch gesunde Snacks!

Materialien
- Ein Lätzchen
- Papiertücher, um den Boden abzu-
  decken (optional)
- Ein Hochstuhl mit Tablett
- Eine reife Banane

Lerneffekt
- Autonomie/ Unabhängigkeit
- Entwicklung der Feinmotorik
- Selbsthilfe – Essen

Anleitung
1. Binden Sie Ihrem Baby ein Lätzchen um.
2. Wenn Sie wollen, können Sie den Boden um
   den Hochstuhl herum mit Papiertüchern aus-
   legen.
3. Setzen Sie Ihr Baby in den Hochstuhl.
4. Schneiden Sie eine Banane in
   Stücke und legen Sie sie auf
   das Tablett des Hochstuhls.
5. Lassen Sie Ihr Baby die Bananenstückchen erkunden – mit den Händen, dem
   Gesicht und dem Mund.

Variation
Probieren Sie andere weiche Lebensmittel aus, wie einen reifen Pfirsich (ohne
Stein), Wackelpudding oder eine Schale mit gekochtem und abgekühltem Reis,
Haferflocken oder Kartoffelpüree.

Sicherheitstipps
Bleiben Sie immer bei Ihrem Baby, während es isst, falls es sich verschluckt.

HALLI-HALLO!

Ihr Baby wird bald zwei Reflexe verlieren, die es seit der Geburt hat – den Greifreflex und den Vestibulo-okulären Reflex (Puppenkopf-Phänomen – das Baby öffnet die Augen, wenn es aufgesetzt wird). Gleichzeitig wird es mehr Kontrolle über seine Bewegungen bekommen. Solange Ihr Baby die beiden Reflexe jedoch noch hat, können Sie diese wunderbar nutzen und eine Runde „Halli-Hallo!" mit ihm spielen.

Materialien

- ♣ Ein weicher, rutschfester Untergrund
- ♣ Ihre Hände

Lerneffekt

- ♣ Antizipation und Überraschung
- ♣ Greifen
- ♣ Kontrolle von Kopf und Nacken
- ♣ Soziale Interaktion

Anleitung

1. Legen Sie Ihr Baby auf einen weichen, rutschfesten Untergrund, z.B. einen Teppich.
2. Setzen Sie sich zu den Füßen Ihres Babys, das Gesicht Ihrem Baby zugewandt.
3. Legen Sie Ihre Daumen in die Handflächen Ihres Babys und lassen Sie Ihr Baby die Daumen umgreifen. Legen Sie dann Ihre Finger um die Hände Ihres Babys.
4. Ziehen Sie Ihr Baby langsam hoch in eine Sitzposition und sagen Sie „Halli-Hallo!".
5. Wenn Ihr Baby Ihr Gesicht für einen Moment betrachtet hat, können Sie es wieder zurück auf den Rücken gleiten lassen und das Spiel wiederholen.

⚘ Variation

Spielen Sie das Spiel mit Ihrem Baby aus einer unterstützten Sitzposition heraus und ziehen Sie es in eine stehende Position. Dies ist eine tolle Übung für die Beine Ihres Babys.

✎ Sicherheitstipps

Halten Sie die Hände Ihres Babys gut fest, falls es seinen Griff um Ihre Daumen loslässt. Bewegen Sie Ihr Baby langsam, so dass es sich nicht am Nacken verletzt.

MOTORBOOT

Die 5 Sinne Ihres Babys tragen sehr dazu bei, dass Ihr Baby während seiner Entwicklung sich selbst und seine Umgebung mehr und mehr versteht und kennenlernt. In einer Wanne mit Wasser zu spielen bietet Ihrem Baby eine tolle Sinnes-Erfahrung. Zusätzlich zu einer Menge Spaß!

Materialien
- Eine Badewanne
- Ihre Hände

Lerneffekt
- Kontrolle der Motorik
- Sinnes-Erfahrung
- Soziale Interaktion
- Verständnis der Umgebung

Anleitung
1. Füllen Sie die Badewanne für Ihr Baby (und sich selbst, wenn Sie mögen) mit Wasser.
2. Lassen Sie Ihr Baby langsam ins Wasser gleiten, geben Sie ihm dabei Zeit, sich an das Wasser zu gewöhnen.
3. Bringen Sie Ihrem Baby das Element Wasser näher, indem Sie leicht mit dem Wasser spritzen oder es über Ihr Baby träufeln.
4. Wenn Ihr Baby bereit ist, „Motorboot" zu spielen, halten Sie es fest mit beiden Händen unter dem Bauch und bewegen Sie es langsam über der Wasseroberfläche vor und zurück. Achten Sie darauf, dass der Kopf Ihres Babys über dem Wasser bleibt.
5. Machen Sie Motorbootgeräusche, während Sie Ihr Baby vor und zurück durch das Wasser planschen lassen. Gönnen Sie Ihrem Baby zwischendurch Ruhepausen.

🔑 Variation
Drehen Sie Ihr Baby auf den Rücken und wiederholen Sie so das Spiel. Alternativ können Sie Spielsachen in das Wasser geben. Bewegen Sie dann Ihr Baby auf die Spielsachen zu und ziehen Sie diese weg, wenn es danach greifen möchte.

✏ Sicherheitstipps

Achten Sie darauf, dass der Kopf Ihres Babys nicht unter Wasser gerät und dass das Wasser ihrem Baby nicht ins Gesicht, in die Augen oder in den Mund läuft. Das Wasser sollte weder zu kalt noch zu heiß sein.

Sechs bis neun Monate

Ihr Baby wird zu einem aktiven Wirbelwind, sobald es gelernt hat, seinen Körper vom Kopf bis zu den Füßen und von der Brust bis zu den Fingern und Zehen komplett kontrollieren zu können. Es wird schon bald sitzen, krabbeln, kriechen und sogar stehen können, während es seine Grobmotorik trainiert. Gleichzeitig greift es nicht mehr mit der ganzen Hand, sondern mit den Fingern und Daumen – im sogenannten Scherengriff.

Ihr Baby wird sich immer noch gerne Dinge in den Mund stecken, aber es kann die Hände mittlerweile besser zum Festhalten, Loslassen und Werfen benutzen. Und es wird besser darin, sich die richtigen Dinge in den Mund zu stecken – Essen. Wenn Sie beginnen, Ihr Baby an feste Nahrung heranzuführen, sollte es den Löffel und die Tasse selbst halten dürfen, damit es die Grundlagen für Selbsthilfe-Fähigkeiten lernen kann. Die Ergebnisse werden zu Beginn sicherlich ein ganz schönes Chaos sein, aber bald schon wird Ihr Baby in der Lage sein, selbstständig zu essen, ohne danach mit dem Schlauch sauber gemacht werden zu müssen.

Worte ergeben immer mehr Sinn. Ihr Baby nimmt Ihre Worte auf und versteht häufig verwendete Worte, wie beispielsweise „Nein!" und „Willst Du ein Fläschchen?" und es versteht Worte, die eine größere Bedeutung haben, wie „Papa", „Mama" oder „Hund". Es kann sich durch Körpersprache ausdrücken, durch Zeigen und Greifen, oder zum Abschied Winken. Und es wird immer besser darin, seine Bedürfnisse durch die Mimik auszudrücken.

Ihr Baby beginnt, sich selbst deutlicher wahrzunehmen, wenn es sich von Mama und Papa löst und alleine loskrabbelt. Dies ist eine aufregende und zuweilen auch beängstigende Zeit für Ihr Baby – wenn es beginnt, sich von den Eltern zu lösen – aber es ist bereit, die Umgebung alleine zu erforschen (unter Ihrer Aufsicht natürlich). Auch Spielen ist sehr wichtig für Ihr Baby – mit Ihnen und auch mit anderen Babys im gleichen Alter. Sorgen Sie also für viele Möglichkeiten zur sozialen Interaktion. Am Anfang wird Ihr Baby möglicherweise etwas fremdeln und Verlassensängste aufweisen. Helfen Sie Ihrem Baby durch diese Phase, indem Sie Spiele spielen, die die soziale Entwicklung und Objektpermanenz fördern.

Es ist niemals zu früh, das Selbstbewusstsein Ihres Babys zu fördern. Wenn Sie die Spiele aus diesem Kapitel spielen, sollten Sie diese so ausrichten, dass Ihr Baby Erfolg hat. Beobachten Sie, wie Ihr Baby an Selbstvertrauen gewinnt und so neue Herausforderungen meistern kann. Wenn Ihr Baby sich mit sich und seinen Fähigkeiten gut fühlt, wird nichts es mehr stoppen können!

Also machen Sie sich bereit und halten Sie Ihr Baby auf Trab!

ROBBENDE RAUPE

Wenn die Füße Ihres Babys gegen einen festen Untergrund gepresst werden, streckt es automatisch seine Beinchen aus. Nutzen Sie diesen Reflex, um Ihrem Baby beim Robben zu helfen.

Materialien
- Weicher, rutschfester Untergrund
- Buntes Spielzeug

Lerneffekt
- Ursache und Wirkung
- Kontrolle der Motorik
- Robben/Krabbeln

Anleitung
1. Legen Sie Ihr Baby auf dem Bauch auf einen weichen, rutschfesten Untergrund.
2. Legen Sie ein buntes Spielzeug ein paar Zentimeter vor den Kopf Ihres Babys und lenken Sie seine Aufmerksamkeit darauf.
3. Platzieren Sie sich zu den Füßen Ihres Babys und pressen Sie Ihre Hände oder Beine gegen seine Füße. Ihr Baby wird sich vorwärts abstoßen und ein kleines Stückchen in Richtung des Spielzeugs robben.
4. Bewegen Sie das Spielzeug weiter weg und pressen Sie weiter gegen die Füße Ihres Babys, bis es sich ein gutes Stück voran gerobbt hat.

🪀 Variation
Sie können auch ein Brett oder einen anderen festen Untergrund gegen die Füße Ihres Babys pressen.

🔗 Sicherheitstipps
Achten Sie darauf, Ihr Baby nicht zu schnell zu bewegen. Lassen Sie es nicht zu nah an das Spielzeug robben, sonst könnte es sich den Kopf daran stoßen.

ABRAKADABRA

Spielen Sie eine Runde „Abrakadabra" mit Ihrem Baby und lassen Sie ein Spielzeug direkt vor den Augen Ihres Babys magisch verschwinden! Ihr Baby wird schnell dahinterkommen, dass das Spielzeug nicht wirklich verschwindet, sondern immer noch in Ihren Händen ist!

Materialien
- ♟ Ein kleines Spielzeug

Lerneffekt
- ♟ Kognitive Fähigkeiten
- ♟ Augen-Hand-Koordination
- ♟ Objektpermanenz

Anleitung
1. Nehmen Sie ein kleines buntes Spielzeug, das in Ihre Hand passt.
2. Legen Sie Ihr Baby auf den Rücken und lassen Sie es das Spielzeug sehen.
3. Lassen Sie es das Spielzeug halten und für ein paar Minuten erforschen.
4. Nehmen Sie Ihrem Baby das Spielzeug sanft wieder ab und legen Sie es in Ihre Hand.
5. Schließen Sie Ihre Hände und zeigen Sie Ihrem Baby Ihre geschlossene Faust.
6. Fragen Sie Ihr Baby „Wo ist es hin?".
7. Wenn Ihr Baby Sie fragend ansieht, öffnen Sie die Hand und zeigen Sie ihm das Spielzeug. Sagen Sie: „Hier ist es!".
8. Wiederholen Sie das Spiel. Wechseln Sie dabei die Hände und das Spielzeug mit anderen Spielzeugen ab.

🏸 Variation
Tragen Sie bunten Nagellack auf oder malen Sie sich mit Filzstiften lustige Gesichter auf die Nägel. Zeigen Sie Ihrem Baby die Finger und wackeln Sie ein bisschen damit. Schließen Sie Ihre Finger nacheinander zu einer Faust und lassen Sie die bunten Nägel verschwinden. Öffnen Sie die Faust wieder und lassen Sie die Nägel wieder erscheinen. Wiederholen Sie dieses Spiel ein paar Mal.

✎ Sicherheitstipps
Achten Sie darauf, dass das Spielzeug nicht zu klein ist und nicht von Ihrem Baby verschluckt werden kann.

IM ZOO

Wenn Ihr Baby zu sprechen beginnt, macht es besonders gerne Geräusche. Machen Sie also einen imaginären Ausflug zum Zoo und lernen Sie gemeinsam etwas über die Tiere, während Sie gleichzeitig die Hör- und Sprachfähigkeiten Ihres Babys steigern.

Materialien
- Plüsch- oder Stofftiere oder große Bilder von Tieren
- Ein Hochstuhl
- Ihre Stimme

Lerneffekt
- Auditive Erkennung
- Klassifizierungsfähigkeiten
- Sprachentwicklung
- Soziale Interaktion

Anleitung
1. Sammeln Sie eine Auswahl an Plüsch- oder Stofftieren oder großen Bildern von Tieren.
2. Setzen Sie Ihr Baby in den Hochstuhl. Setzen Sie sich ihm gegenüber.
3. Halten Sie ein Plüschtier oder Bild neben Ihr Gesicht, so dass Ihr Baby Ihren Mund sehen kann und machen Sie die entsprechenden Tierlaute.
4. Geben Sie Ihrem Baby die Möglichkeit, die Laute zu imitieren und wiederholen Sie dann die Laute.
5. Halten Sie das nächste Stofftier neben Ihr Gesicht und machen Sie die zugehörigen Laute.
6. Wiederholen Sie das Spiel mit allen Stofftieren bzw. Bildern.
7. Halten Sie alle Stofftiere und Bilder noch einmal neben Ihr Gesicht. Warten Sie diesmal aber einen Moment, bevor Sie mit den Lauten beginnen, damit Ihr Baby mitmachen kann.

🪀 Variation
Einige Babys lernen besser visuell, während andere besser auditiv lernen. Wenn Ihr Baby eher zu auditivem Lernen veranlagt ist, können Sie die Geräusche auch zuerst machen und dann erst das Stofftier oder Bild hochhalten.

🔗 Sicherheitstipps
Seien Sie nicht zu laut, Sie wollen Ihr Baby ja nicht erschrecken.

TASTSÄCKCHEN

Machen Sie Ihre eigenen Tastsäckchen, für jede Menge Spaß. Nähen Sie kleine Umrisse von Tieren, füllen Sie sie mit Bohnen oder Reis und lassen Sie sie von Ihrem Baby erforschen. Probieren Sie dann einige der unten erklärten Spiele aus.

Materialien
- Zwei Frottee-Waschlappen
- Zwei Tassen Bohnen oder Reis
- Nadel und Faden
- Ein Permanentmarker

Lerneffekt
- Kognitive Fähigkeiten
- Emotionale Entwicklung
- Entwicklung der Feinmotorik
- Fantasievolles Spielen

Anleitung
1. Schneiden Sie jeweils zwei identische Umrisse eines Tieres aus den Waschlappen aus. Halten Sie die Formen simpel, beispielsweise eine Maus, ein Bär oder ein Frosch.
2. Nähen Sie jeweils zwei Stoffformen aneinander. Lassen Sie zum Schluss einen Spalt offen.
3. Drehen Sie die miteinander vernähten Formen auf links, so dass die Nähte innen liegen. Füllen Sie die Stofftiere zu zwei Dritteln mit Bohnen oder Reis.
4. Nähen Sie auch die Öffnungen zu.
5. Malen Sie ein Gesicht und andere Details mit Permanentmarkern auf.
6. Geben Sie Ihrem Baby die Tastsäckchen zum Erforschen.
7. Zeigen Sie Ihrem Baby, wie man mit den Tastsäckchen spielen kann: Lassen Sie sie fallen, werfen Sie sie, knautschen Sie sie, verstecken Sie sie, bewegen Sie sie, küssen und sprechen Sie mit den Bohnen-Tieren.

Variation
Machen Sie eine große Auswahl an Tastsäckchen für Ihr Baby, auch ein extra großes aus einem Handtuch.

✎ Sicherheitstipps

Achten Sie darauf, die Tastsäckchen gut zuzunähen, damit keine Bohnen herausfallen können. Verwenden Sie Bohnen, an denen Ihr Baby nicht ersticken kann, wenn es doch mal eine erwischt.

KLEINER TROMMLER

Selbst in diesen jungen Jahren hat Ihr Baby schon Rhythmusgefühl! Es liebt zu trommeln und Lärm zu machen. Nutzen Sie diese Fähigkeiten und machen Sie Ihr Baby zu einem Amateurtrommler! Hier sind ein paar Möglichkeiten, wie Sie sich zusammen am Takt der Trommeln erfreuen können.

Materialien
- Ein Hochstuhl mit Tablett
- Holzkochlöffel, Backpinsel und andere Trommelstöcke
- Alufolie, ein Metalltopf, Plastikschüsseln, Pfanne, Zeitung und andere Gegenstände zum Trommeln

Lerneffekt
- Ursache und Wirkung
- Gehörentwicklung
- Rhythmus und Koordination

Anleitung
1. Setzen Sie Ihr Baby in den Hochstuhl.
2. Geben Sie Ihrem Baby einen Holzkochlöffel und zeigen Sie ihm, wie man damit auf dem Tablett des Hochstuhls trommeln kann.
3. Bieten Sie Ihrem Baby nacheinander andere Trommelstöcke an, aber immer nur einen auf einmal.
4. Geben Sie Ihrem Baby danach verschiedene Gegenstände, um darauf zu trommeln, wie Alufolie, einen Metalltopf, eine Plastikrührschüssel, eine Pfanne, eine Zeitung, usw.
5. Drücken Sie sich Ohropax in die Ohren, damit Sie keine Kopfschmerzen bekommen (nur ein Scherz!).

✒ Variation
Setzen Sie Ihr Baby mit allen Trommelutensilien auf den Boden und lassen Sie es sich austoben. Sie können Ihrem Baby auch eine Trommel basteln, indem Sie das offene Ende einer leeren Pappbox mit Wachspapier verschließen. Lassen Sie Ihr Baby darauf mit einem kleinen Holzlöffel trommeln.

✐ Sicherheitstipps
Passen Sie auf, dass sich Ihr Baby mit den Trommelstöcken nicht verletzt.

ICH KRIEG DICH!

Ab sechs Monaten wird das „Ich Krieg Dich!"-Spiel ein großer Spaß. Ihr Baby ist sich mittlerweile seiner Umwelt bewusst, es kann seine Eltern gut erkennen und hat Spaß an kleinen Überraschungen. Also los, fangen Sie Ihr Baby!

Materialien
- ♣ Eine weiche Decke
- ♣ Ihre wackelnden Finger

Lerneffekt
- ♣ Antizipation und Überraschung
- ♣ Ausdruck der Gefühle
- ♣ Kontrolle der Motorik
- ♣ Soziale Interaktion

Anleitung
1. Legen Sie eine weiche Decke auf den Boden und legen Sie Ihr Baby auf dem Bauch auf die Decke.
2. Gehen Sie in einigem Abstand auf die Hände und Knie.
3. Krabbeln Sie langsam auf Ihr Baby zu und rufen Sie: „Ich krieg Dich!". Wackeln Sie dabei mit Ihren Fingern und Ihren Händen.
4. Krabbeln Sie immer näher und wiederholen Sie dabei die Worte, lächeln und lachen Sie dabei, um Ihrem Baby zu zeigen, dass Sie Spaß haben.
5. Wenn Sie bei Ihrem Baby angekommen sind, legen Sie Ihre Hände auf den Rücken Ihres Babys und kitzeln Sie es ein bisschen.
6. Wiederholen Sie das Spiel, bis Ihr Baby keine Lust mehr hat.

🪀 Variation
Krabbeln Sie von hinten an Ihr Baby heran, um es zu überraschen. Bewegen Sie sich langsamer und geben Sie ihm die Möglichkeit, wegzukrabbeln, wenn es dies möchte.

🖊 Sicherheitstipps
Der andere Elternteil kann bei Ihrem Baby bleiben, während Sie sich dem Baby langsam nähern. So wird es sich beruhigen, wenn es Angst bekommen sollte.

HAPPY!

Ihr Baby hat nun einen großen Umfang an Emotionen – von Freude, Traurigkeit, Wut bis hin zu Schuld und Stolz. Dieses Spiel hilft Ihrem Baby dabei, Gefühle auszudrücken und gleichzeitig seine Körperteile noch besser kennenzulernen.

Materialien
- Eine Wippe
- Ihr Körper
- Ihre Stimme

Lerneffekt
- Koordination und Nachahmung
- Emotionaler Ausdruck
- Entwicklung von Grob- und Feinmotorik
- Sprachentwicklung

Anleitung
1. Setzen Sie Ihr Baby in die Wippe auf den Boden.
2. Singen Sie folgendes Lied und bewegen Sie den entsprechenden Körperteil Ihres Babys, während Sie singen:

„Wenn Du fröhlich bist"

Wenn du fröhlich bist, dann klatsche in die Hand, (klatsch, klatsch)

wenn du fröhlich bist, dann klatsche in die Hand. (klatsch, klatsch)

Ja du kannst es allen zeigen,

musst Gefühle nicht verschweigen,

wenn du fröhlich bist, dann klatsche in die Hand. (klatsch, klatsch)

3. Wiederholen Sie die erste Strophe mehrmals, aber ersetzen Sie „klatsche in die Hand" mit „stampfe mit dem Fuß", „nicke mit dem Kopf", „winke mit den Armen", „beuge Deine Knie", „wackle mit dem Po" und „wirf ein Küsschen zu".

🔑 Variation
Reimen Sie Ihre eigenen Strophen. Fügen Sie dabei weitere Körperteile hinzu, wie beispielsweise Finger, Zunge, Haare, oder sogar die Spielsachen Ihres Babys.

✏ Sicherheitstipps
Bewegen Sie Ihr Baby sanft und vorsichtig, damit Sie es während des Spielens nicht verletzen.

EISPALAST

Dieses Spiel können Sie sehr gut spielen, wenn Ihr Baby in der Babywanne sitzt. Es wird Ihrem Baby viel Spaß machen, während es die verschiedenen Beschaffenheiten von Wasser besser kennenlernt.

Materialien

- ♣ Eine Eiswürfelschale
- ♣ Eine Babywanne
- ♣ Ballons und andere Behältnisse
- ♣ Lebensmittelfarbe
- ♣ Kleine Plastikspielzeuge, die sinken oder treiben

Lerneffekt

- ♣ Wissenschaftliche Eigenschaften

Anleitung

1. Füllen Sie eine Eiswürfelschale, Ballons und andere Behältnisse mit Wasser. Färben Sie jedes mit einer anderen Lebensmittelfarbe und frieren Sie es über Nacht ein.
2. Füllen Sie eine Babywanne mit warmem Wasser und lassen Sie Ihr Baby langsam ins Wasser gleiten.
3. Geben Sie die bunten Eiswürfel ins Wasser und lassen Sie Ihr Baby mit den Eiswürfeln spielen.
4. Lösen Sie das Eis aus den Ballons und den anderen Behältnissen und geben Sie es in die Babywanne. Lassen Sie Ihr Baby damit spielen und es erkunden.
5. Setzen Sie kleine Plastikfiguren auf die Eisblöcke und lassen Sie Ihr Baby beobachten, wie die Figuren von den Blöcken rutschen, wenn die Eisblöcke schmelzen.

🔑 Variation

Frieren Sie kleine Plastikfiguren in den Eiswürfeln ein und warten Sie, bis die Figuren beim Schmelzen des Eises langsam herausgleiten. Frieren Sie das Wasser in Lagen in verschiedenen Farben ein und beobachten Sie das Eis beim Schmelzen.

🔏 Sicherheitstipps

Lassen Sie Ihr Baby nicht unbeaufsichtigt in der Wanne. Haben Sie alles griffbereit, wenn Sie mit dem Spiel beginnen. Die Plastikfiguren sollten nicht zu klein sein, damit Ihr Baby sie nicht verschlucken kann. Achten Sie darauf, dass die Wassertemperatur immer angenehm für Ihr Baby ist. Lassen Sie wenn nötig warmes Wasser nachlaufen.

ERBSENZÄHLER

Ist es nicht unglaublich, wie Ihr Baby mittlerweile mit seinen kleinen Fingern die kleinsten Teilchen vom Teppich auflesen kann, während die gleichen Finger vor gar nicht allzu langer Zeit noch nicht wirklich zu gebrauchen waren? Geben Sie diesen kleinen Fingerchen mit diesem Spiel etwas zu tun.

Materialien

- Ein Hochstuhl mit Tablett
- Eine Handvoll gefrorene Erbsen

Lerneffekt

- Augen-Hand-Koordination
- Entwicklung der Feinmotorik
- Heranführen an neue Geschmäcker
- Selbsthilfe – Essen

Anleitung

1. Setzen Sie Ihr Baby in den Hochstuhl.
2. Schütten Sie die Erbsen auf das Tablett des Hochstuhls.
3. Lassen Sie Ihr Baby die Erbsen aufsammeln und sie sich in den Mund stecken.
4. Wenn Ihr Baby am Anfang etwas Hilfe braucht, zeigen Sie ihm einige Male, wie es geht.

🔑 Variation

Ersetzen Sie die Erbsen mit gefrorenen Fruchtstückchen. Achten Sie aber darauf, dass die Stückchen nicht zu klein sind, damit sich Ihr Baby nicht daran verschlucken kann.

🔑 Sicherheitstipps

Achten Sie während des Spielens auf Ihr Baby. Es könnte sich verschlucken, wenn es versucht, sich zu viele Erbsen auf einmal in den Mund zu stecken.

KARTON-ÜBERRASCHUNG

Babys mögen den Schachtelteufel, aber dieses Spiel macht ihnen noch mehr Spaß, wenn ein Elternteil aus dem Karton springt! Alles, was Sie brauchen, ist ein großer Karton und schon können Sie Ihr Baby mit einer großartigen Überraschung erfreuen.

Materialien
- Ein großer Karton
- Sie selbst

Lerneffekt
- Antizipation und Überraschung
- Emotionaler Ausdruck
- Objektpermanenz
- Soziale Interaktion

Anleitung
1. Finden Sie einen Karton, in den Sie hinein passen. Stellen Sie den Karton ins Wohnzimmer und steigen Sie hinein.
2. Lassen Sie den anderen Elternteil Ihr Baby in den Raum bringen und fragen Sie es: „Wo ist Mama/Papa?". Singen Sie dazu das folgende Lied:

„Jack in der Kiste"
Jack in der Kiste, ich sehe Dich nicht,
Willst Du nicht rauskommen ins Licht?
Jack in der Kiste, komm schon raus,
Jack in der Kiste, aus die Maus!

3. Der Elternteil im Karton springt nach der letzten Liedzeile heraus.
4. Wechseln Sie sich mit Ihrem Partner ab und wiederholen Sie das Spiel.

🔎 Variation
Wenn Sie nur einen kleinen Karton finden, können Sie ein Loch in den Boden schneiden und Ihre Hand hindurch stecken. Ziehen Sie eine Handpuppe über die Hand und schließen Sie den Karton mit dem Deckel. Singen Sie das „Jack in der Kiste"-Lied und strecken Sie die Hand mit der Handpuppe am Ende des Liedes aus dem Karton heraus.

🔏 Sicherheitstipps
Springen Sie langsam und leise aus dem Karton, damit Sie Ihr Baby nicht erschrecken. Die Idee hinter diesem Spiel ist es, Ihr Baby zu belustigen, nicht, es zu erschrecken!

FELL-FREUND

Basteln Sie ein Spielzeug, das dreifach genutzt werden kann – als Handpuppe, Tast-Spielzeug und um die Feinmotorik Ihres Babys zu fördern. Der Fell-Freund erfüllt alle drei Aufgaben. Also planen Sie viel Zeit ein, in der Ihr Baby mit diesem tollen Spielzeug spielen kann.

Materialien

- Ein Stoffhandschuh
- Kunstpelz
- Nadel und Faden
- Stoffreste

Lerneffekt

- Entwicklung der Feinmotorik
- Sprachentwicklung
- Sensorisches Erforschen
- Soziale Kompetenz

Anleitung

1. Nähen Sie den Kunstpelz auf den Rücken des Handschuhs.
2. Nähen Sie die Stoffreste über den Handschuh verteilt an.
3. Ergänzen Sie die Augen, Nase, Mund und andere Details mit Stücken der Stoffreste.
4. Ziehen Sie den Handschuh an und erwecken Sie den Fell-Freund zum Leben. Singen, sprechen und bewegen Sie ihn um Ihr Baby herum.
5. Lassen Sie Ihr Baby die Handpuppe ebenfalls anziehen und damit spielen.

🪀 Variation

Basteln Sie anstelle des Fell-Freunds das Lieblingstier Ihres Babys mit ein paar Stoffresten, Filzmarkern und etwas Vorstellungskraft. Nehmen Sie zwei Handschuhe, wenn Sie einen Jungen und ein Mädchen, Mutter und Vater oder zwei verschiedene Tiere basteln möchten.

✎ Sicherheitstipps

Achten Sie darauf, die Stoffreste gut zu vernähen, damit Ihr Baby keine losen Stofffetzen verschluckt.

FINDE DEN STICKER

Das eigene Körperbewusstsein wird zu einer wichtigen Herausforderung in der Entwicklung Ihres Babys, wenn es Sitzen, Kriechen, Krabbeln und schließlich Laufen lernt. Dieses lustige Entdeckungsspiel wird Ihrem Baby dabei helfen!

Materialien
- Eine Wippe oder der Fußboden
- kleine bunte, nicht zu stark klebende Sticker

Lerneffekt
- Körperbewusstsein
- Objektpermanenz
- Problemlösung
- Soziale Interaktion
- Visuelle Erschließung

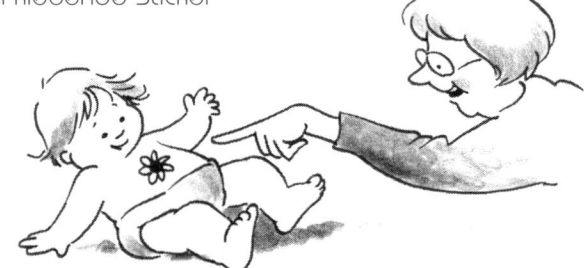

Anleitung
1. Bekleiden Sie Ihr Baby nur mit einer Windel.
2. Setzen Sie es in eine Wippe oder auf den Boden, wenn es bereits alleine sitzen kann.
3. Setzen Sie sich Ihrem Baby gegenüber und haben Sie eine Auswahl an bunten Stickern griffbereit.
4. Zeigen Sie Ihrem Baby einen der Sticker und kleben Sie den Sticker schnell irgendwo auf den Körper Ihres Babys, ohne dass Ihr Baby sieht, wohin. Am besten verstecken Sie den Sticker vor dem Aufkleben zwischen den Fingern und halten danach die Hand über den Sticker.
5. Nehmen Sie die Hand von dem Sticker und fragen Sie Ihr Baby: „Wo ist der Sticker?"
6. Fangen Sie an, auf dem Körper Ihres Babys nach dem Sticker zu suchen. Untersuchen Sie die Hände und sagen Sie: „Nein, hier ist er nicht!" Untersuchen Sie die Arme und sagen Sie wieder: „Nein, hier ist er auch nicht!". Fahren Sie so fort, bis Sie den Sticker entdecken und rufen Sie: „Da ist er ja!". Zeigen Sie Ihrem Baby den Sticker auf seinem Körper.
7. Wiederholen Sie das Spiel. Nehmen Sie verschiedene Sticker und kleben Sie sie auf verschiedene Stellen des Körpers Ihres Babys.
8. Lassen Sie Ihr Baby selbst nach dem Sticker suchen, wenn Sie das Spiel einige Male gespielt haben. Geben Sie Ihrem Baby dabei Hinweise, wenn es welche braucht.

🪀 Variation

Kleben Sie sich die Sticker selbst auf und lassen Sie Ihr Baby mit Ihrer Hilfe danach suchen.

✎ Sicherheitstipps

Da die Sticker klein sind, kann Ihr Baby sie leicht verschlucken. Achten Sie darauf, dass es die Sticker nicht in den Mund nimmt.

SINKEN ODER TREIBEN

Sie können Ihrem Baby dabei helfen, den Zusammenhang von Gegenständen besser zu verstehen. In diesem Alter glaubt Ihr Baby, dass Ähnlichkeiten und Unterschiede von Gegenständen auf Magie beruhen. Aber bald schon wird Ihr Baby lernen, dass es für alles eine Erklärung gibt.

Materialien

- 5 Gegenstände, die sinken, z.B. Steine, Löffel, ein Schlüsselanhänger, usw.
- 5 Gegenstände, die treiben, z.B. Plastikspielsachen, Bleistifte, Schwämme, Seife, usw.
- Eine Babywanne

Lerneffekt

- Wissenschaftliche Eigenschaften
- Klassifizierungsfähigkeiten

Anleitung

1. Füllen Sie eine Babywanne mit warmem Wasser und legen Sie Ihr Baby langsam hinein.
2. Geben Sie einen treibenden Gegenstand in die Badewanne und sagen Sie: „Es treibt!"
3. Geben Sie nach einer Minute einen sinkenden Gegenstand dazu. Rufen Sie: „Es sinkt!"
4. Fahren Sie abwechselnd mit treibenden und sinkenden Gegenstände fort, damit Ihr Baby interessiert bleibt und lassen Sie es danach selbst Gegenstände in die Badewanne geben.

🔑 Variation

Geben Sie nacheinander alle treibenden Gegenstände in die Badewanne und sehen Sie mit Ihrem Baby zu, wie die Gegenstände vor sich hin treiben. Geben Sie dann einen sinkenden Gegenstand ins Wasser und und beobachten Sie, wie Ihr Baby überrascht wird. Wiederholen Sie das Spiel und erklären Sie Ihrem Baby, was gerade passiert.

🔗 Sicherheitstipps

Lassen Sie Ihr Baby niemals alleine im oder am Wasser.

SCHNEELANDSCHAFT

Sie können Ihrem Baby dabei helfen, die verschiedenen Strukturen und die Beschaffenheit der Dinge um Ihr Baby herum noch besser zu verstehen, indem Sie immer wieder dafür sorgen, dass es neue Erfahrungen sammeln kann. Für dieses Spiel können Sie je nach Jahreszeit echten Schnee verwenden oder selber welchen mithilfe eines Mixers herstellen.

Materialien
- Sauberer Schnee
- Ein Hochstuhl mit Tablett
- Ein Handtuch
- Speisefarbe (optional)

Lerneffekt
- Kognitive Fähigkeiten
- Entwicklung der Feinmotorik
- Eigenschaften von Schnee – Beschaffenheit, Temperatur, Textur

Anleitung
1. Sammeln Sie etwas Schnee aus dem Garten oder machen Sie selbst Schnee, indem Sie etwas Eis im Mixer zerkleinern.
2. Setzen Sie Ihr Baby in den Hochstuhl.
3. Stellen Sie eine Schüssel mit Schnee auf das Tablett des Hochstuhls.
4. Lassen Sie Ihr Baby den Schnee mit den Händen und dem Mund untersuchen.
5. Wenn Ihr Baby den Schnee nicht anfassen möchte, können Sie ihm zeigen, wie man mit dieser fremden, kalten Substanz spielen kann.
6. Wenn der Schnee zu schmelzen anfängt, können Sie die Pfützen auf dem Tablett des Hochstuhls mit einem Handtuch aufwischen und die Schüssel mit neuem Schnee füllen.

Variation
Für eine visuelle Stimulation können Sie den Schnee mit einigen Tropfen Speisefarbe einfärben. Geben Sie Ihrem Baby noch einige Spielsachen zum Spielen dazu, z.B. eine Tasse oder einen Eislöffel, eine Plastikpuppe, einen kleinen Ball, usw.

Sicherheitstipps
Achten Sie darauf, dass der Schnee sauber ist, wenn Sie welchen aus dem Garten verwenden, da Ihr Baby ihn sich auch in den Mund stecken wird.

QUETSCHEN UND KNETEN

In diesem Alter entwickelt Ihr Baby sowohl seine Grobmotorik als auch die Feinmotorik. Mit diesem Spiel können die kleinen Fingerchen die Welt der Temperaturen und der Texturen erkunden.

Materialien

- ♄ Eine Auswahl an verschiedenen Materialien, z.B. Knete, Ton, Marshmallows, Schwämme, Spielzeug zum Quetschen, Stressbälle, Koosh Bälle, usw.
- ♄ Ein Hochstuhl mit Tablett

Lerneffekt

- ♄ Klassifizierungsfähigkeiten
- ♄ Kognitive Entwicklung
- ♄ Sinneserforschung – Fühlen
- ♄ Entwicklung der Feinmotorik

Anleitung

1. Sammeln Sie eine Auswahl an quetschbaren Gegenständen und Spielsachen, auch ein paar, die man drücken kann und Geräusche machen.
2. Setzen Sie Ihr Baby in den Hochstuhl.
3. Legen Sie einen quetschbaren Gegenstand auf das Tablett des Hochstuhls und lassen Sie Ihr Baby den Gegenstand untersuchen. Ermuntern Sie Ihr Baby dazu, den Gegenstand zu quetschen und zu kneten, um die Beschaffenheit, den Widerstand, die Temperatur, usw. zu untersuchen.
4. Tauschen Sie den Gegenstand nach ein paar Minuten mit einem anderen Gegenstand aus.
5. Wiederholen Sie das Spiel, bis Ihr Baby mit allen Materialien gespielt hat.

✎ Variation

Geben Sie die Gegenstände in kleine Socken, so dass Ihr Baby sie nicht sehen kann. Legen Sie alle Gegenstände in den Söckchen auf das Tablett des Hochstuhls und lassen Sie Ihr Baby die Unterschiede und Gemeinsamkeiten durch die Socken untersuchen.

✐ Sicherheitstipps

Passen Sie gut auf, dass Ihr Baby die Gegenstände nicht verschluckt.

WACKELIGE WIPPE

Die Balance zu halten ist für Ihr Baby eine knifflige Angelegenheit in diesen ersten Monaten. Zuerst wird es noch Schwierigkeiten haben, den großen Kopf zu balancieren. Doch schon bald wird Ihr Baby an herausfordernden Spielen wie diesem hier Spaß haben.

Materialien
- Ein kleines Handtuch
- Ihr Bein

Lerneffekt
- Balance
- Vertrauen
- Soziale Interaktion

Anleitung
1. Legen Sie sich ein kleines Handtuch über einen Ihrer Oberschenkel, als Polster für Ihr Baby.
2. Setzen Sie Ihr Baby auf das Handtuch auf Ihren Oberschenkel, Ihnen zugewandt.
3. Halten Sie Ihr Baby an den Armen fest. Bewegen Sie Ihre Hände dann langsam die Arme hinunter bis zu seinen Fingern, so dass Sie Ihr Baby dort nur noch leicht festhalten.
4. Bewegen Sie Ihr Bein langsam im Kreis, während Sie Ihr Baby auf dem Bein balancieren.
5. Versuchen Sie, zuerst eine Hand loszulassen und dann die andere, während Sie es weiter auf Ihrem Bein balancieren. Seien Sie dabei jederzeit bereit, Ihr Baby falls nötig sofort aufzufangen.
6. Drehen Sie Ihr Baby in die andere Richtung um und spielen Sie das Spiel noch einmal.

🎵 Variation
Strecken Sie Ihr Bein aus, legen Sie einen Fuß auf einen Stuhl und setzen Sie Ihr Baby auf Ihren Unterschenkel anstelle Ihres Oberschenkels.

🖉 Sicherheitstipps
Seien Sie jederzeit bereit, Ihr Baby aufzufangen, falls es die Balance verlieren sollte.

TASTEN UND SCHMECKEN

Die Umgebung Ihres Babys hält sehr viele Stimulationen für seine fünf Sinne bereit. Bieten Sie Ihrem Baby eine große Auswahl an interessanten Dingen zum Erforschen an. Es wird viel Spaß haben, diese mit seinen Händen und seinem Mund zu untersuchen.

Materialien

- Eine Auswahl an verschiedenen Nahrungsmitteln, die Ihr Baby gerne isst
- Ein Hochstuhl
- Eine Plastiktischdecke oder Plane, um den Fußboden abzudecken

Lerneffekt

- Bewusstsein für die Umgebung
- Entwicklung der Feinmotorik
- Experimentierfreude

Anleitung

1. Bereiten Sie eine interessante Auswahl an Nahrungsmitteln vor, die Ihr Baby – in kleinen Mengen – anfassen, schmecken und riechen kann, wie beispielsweise Wackelpudding, Joghurt, Erdnussbutter, Bananenstückchen, Haferbrei, gekochte Spaghetti, usw.
2. Breiten Sie eine Plastiktischdecke oder Plane unter dem Hochstuhl aus.
3. Setzen Sie Ihr Baby in den Hochstuhl und legen Sie eines der Nahrungsmittel auf das Tablett des Hochstuhls.
4. Lassen Sie Ihr Baby mit dem Nahrungsmittel für ein paar Minuten spielen und mit den Händen und dem Mund erkunden.
5. Tauschen Sie das Nahrungsmittel mit einem neuen aus.
6. Achten Sie darauf, das Nahrungsmittel zu benennen und zu beschreiben, wenn Sie es vor Ihr Baby auf das Tablett legen.

✎ Variation

Geben Sie Ihrem Baby nur ein Nahrungsmittel, dafür aber in einer größeren Menge, so dass Ihr Baby damit fingermalen, spielen, quetschen und sich daran erfreuen kann.

✐ Sicherheitstipps

Achten Sie darauf, dass Ihr Baby sich nicht an den Nahrungsmitteln verschluckt.

TUNNELREISE

Wenn Ihr Baby anfängt, sich frei zu bewegen, können Sie mit dieser Tunnelreise daraus einen noch größeren Spaß machen. Es wird eine neue Art kennenlernen, sich zu bewegen und am Ende des Tunnels wartet auch noch eine Überraschung! Alles, was Sie benötigen, ist ein großer Karton.

Materialien

- ♀ Ein Karton, etwas größer als Ihr Baby
- ♀ Eine kleine Babydecke

Lerneffekt

- ♀ Kognitive Fähigkeiten und Denkvermögen
- ♀ Tiefenwahrnehmung
- ♀ Objektpermanenz
- ♀ Problemlösung

Anleitung

1. Suchen Sie einen Karton, durch den Ihr Baby leicht hindurch krabbeln kann. Schneiden Sie den Deckel und den Boden des Kartons ab, so dass ein Tunnel entsteht.
2. Platzieren Sie Ihr Baby auf dem Boden an einem Ende des Tunnels.
3. Positionieren Sie sich selbst an das andere Ende des Tunnels und rufen Sie Ihr Baby. Locken Sie es in den Tunnel. Wenn Ihr Baby Hilfe benötigt, können Sie auch in den Tunnel greifen und es sanft auf die andere Seite ziehen.
4. Wiederholen Sie das Spiel mehrere Male.
5. Legen Sie eine Decke über Ihr Ende des Tunnels, so dass Ihr Baby Sie nicht sehen kann. Greifen Sie dann durch den Tunnel und ziehen Sie Ihr Baby wieder sanft hindurch.

🔑 Variation

Setzen Sie Ihr Baby auf den Boden und platzieren Sie den Karton über Ihr Baby. Schauen Sie von oben auf Ihr Baby, heben Sie den Karton dann hoch und rufen Sie: „Guck-guck!".

🗝 Sicherheitstipps

Achten Sie darauf, dass der Karton nicht zu klein ist und lassen Sie Ihr Baby nicht alleine im Karton, da es sonst Angst bekommen könnte.

TREPPEN STEIGEN

Während dieser Monate scheint der Fokus Ihres Babys hauptsächlich auf das Krabbeln gerichtet zu sein. Dieses Spiel hilft Ihrem Baby dabei, seine Krabbel-Künste zu üben und gleichzeitig lernt es neue Wege, sich durch seine Umgebung zu bewegen – hoch und runter!

Materialien
- Eine Treppe
- Interessantes Spielzeug

Lerneffekt
- Entdecken
- Entwicklung der Grobmotorik
- Problemlösung

Anleitung
1. Suchen Sie eine Treppe aus, auf der Ihr Baby hochklettern kann. Ideal ist eine mit Teppich.
2. Setzen Sie sich mit Ihrem Baby an das untere Ende der Treppe und legen Sie ein Spielzeug auf die erste Stufe. Lassen Sie Ihr Baby nach dem Spielzeug greifen und es sich holen.
3. Legen Sie ein Spielzeug auf die zweite Stufe und lenken Sie die Aufmerksamkeit Ihres Babys darauf.
4. Wenn Ihr Baby danach greift, können Sie ihm helfen, die Treppe hochzukrabbeln, indem Sie sanft das Knie Ihres Babys beugen und die Händchen auf die Stufe legen.
5. Wenn es nach dem Spielzeug greift, können Sie bereits das nächste Spielzeug auf der nächsten Stufe platzieren.

🔑 Variation
Wenn Ihr Baby am oberen Ende der Treppe angekommen ist, können Sie ihm auch beibringen, wie es wieder herunterkommt. Da Babys das Konzept der Umkehrbarkeit noch nicht verstehen, werden Sie Ihrem Baby zeigen müssen, wie es mit dem Füßchen nach hinten tasten muss, bis es die nächste Stufe erreicht und sich dann Stufe für Stufe vorsichtig herunterlassen kann.

🔏 Sicherheitstipps
Wenn Sie die Treppe nicht zum Üben nutzen, sollten Sie das obere und untere Ende der Treppe jederzeit durch ein Babygitter unzugänglich machen.

SUPERBABY

Ihr Baby wird zum Superhelden, wenn es mithilfe Ihrer starken Knie durch die Lüfte fliegt. Babys lieben es, wenn die Eltern sie auf ihren Füßen hoch oben durch die Luft segeln lassen wie einen Vogel!

Materialien
- ⚓ Ihre Füße
- ⚓ Socken

Lerneffekt
- ⚓ Balance
- ⚓ Tiefenwahrnehmung
- ⚓ Entwicklung der Grobmotorik
- ⚓ Soziale Interaktion und Vertrauen

Anleitung
1. Ziehen Sie sich ein Paar weiche Socken an, damit es für Ihr Baby bequem ist.
2. Legen Sie sich neben Ihr Baby auf den Rücken.
3. Winkeln Sie Ihre Beine an und heben Sie Ihr Baby auf die Sohlen Ihrer Füße, sein Gesicht Ihnen zugewandt und die Füßchen weggestreckt. Halten Sie dabei seine Arme.
4. Wenn Ihr Baby bequem und sicher auf Ihren Füßen liegt, können Sie die Beine vor und zurück bewegen, um Ihr Baby „fliegen" zu lassen.
5. Bewegen Sie Ihre Füße und Beine für eine abwechslungsreiche Flugsimulation.

🔑 Variation
Sie können Ihr Baby auch auf Ihre Beine anstelle der Füße legen, so geben Sie Ihm eine stabilere Position. Legen Sie Ihr Baby auch anders herum, mit den Füßchen in Richtung Ihres Gesichts, für eine andere Perspektive.

🖉 Sicherheitstipps
Halten Sie Ihr Baby immer gut fest und stellen Sie sicher, dass es auf Ihren Füßen gut ausbalanciert ist. Bewegen Sie sich langsam und machen Sie keine plötzlichen Bewegungen, so fühlt sich Ihr Baby sicher, während es "fliegt".

WO IST ES HIN?

Bald wird es nicht mehr so einfach sein, Ihr Baby mit diesem Spiel zu täuschen, also spielen Sie es besser jetzt und genießen Sie es. Beobachten Sie, wie Ihr Baby versucht herauszufinden, wohin das Spielzeug verschwunden ist und was als nächstes passieren wird.

Materialien
- Eine leere Küchenpapier- oder Geschenkpapierrolle aus Karton
- Permanentmarker, Aufkleber und andere Dinge zum Dekorieren (optional)
- Ein kleiner Ball, ein kleines Spielzeugauto oder ein anderes Spielzeug, das leicht in die Rolle passt
- Eine Wippe

Lerneffekt
- Antizipation und Überraschung
- Ursache und Wirkung
- Objektpermanenz
- Problemlösung

Anleitung
1. Dekorieren Sie die Rolle mit Permanent-Filzmarkern, Aufklebern und anderen Dingen. So wird die Rolle interessanter.
2. Legen Sie die Rolle und ein kleines Spielzeug (Auto, Ball, usw.) auf den Boden.
3. Setzen Sie Ihr Baby in der Wippe auf den Boden und setzen Sie sich daneben.
4. Positionieren Sie die Rolle in einem 45-Grad-Winkel, so dass ein Ende der Rolle im Schoß Ihres Babys ist und das andere Ende in die Luft ragt.
5. Zeigen Sie Ihrem Baby das Spielzeug und lassen Sie es dabei zuschauen, wie Sie es von oben in die Rolle fallen lassen. Sagen Sie „Wo ist es hin?", wenn Sie das Spielzeug loslassen.
6. Sagen Sie „Da ist es!", wenn das Spielzeug im Schoß Ihres Babys landet und zeigen Sie Ihrem Baby das Spielzeug, das am anderen Ende der Rolle herauskommt.
7. Wiederholen Sie das Spiel, bis es Ihrem Baby langweilig wird.

🔑 Variation
Nehmen Sie mehrere Spielzeuge zugleich, oder viele verschiedene, so wird es noch spannender. Ihr Baby kann das Spielzeug durch die Rolle auch auf Ihren Schoß fallen lassen.

🖉 Sicherheitstipps

Achten Sie darauf, dass das Spielzeug nicht zu klein ist, damit Ihr Baby es nicht verschlucken kann.

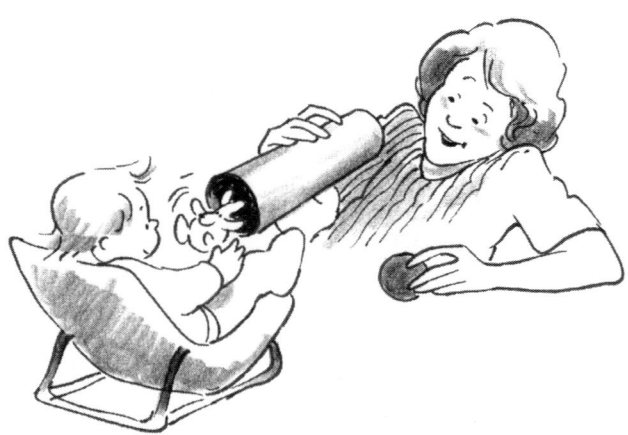

Neun bis zwölf Monate

Jetzt ist Ihr Baby nicht mehr zu stoppen! Es bewegt sich schnell und ist auf dem besten Weg, sich an Möbeln und anderen Gegenständen hochziehen zu können, zu laufen, zu rennen und noch vieles mehr. Während sich die Fähigkeiten Ihres Babys weiterentwickeln, gibt es viele Möglichkeiten, seine Interaktion mit der Welt noch weiter zu bereichern und zu verbessern.

Wenn Ihr Baby seine Körperbewegungen beherrscht, können Sie ihm viele Herausforderungen anbieten, die die Entwicklung der Grobmotorik weiter steigern. Babys lieben es, zu klettern und sich durch eigenständige Problemlösung selbst zu befreien, wenn sie steckengeblieben sind.

Schneller als Ihnen lieb ist, hat Ihr Baby seine Händchen schon in der Keksdose. Also schließen Sie besser alles weg, woran Ihr Baby nicht gelangen soll, wie Alltagsgifte oder auch Wertsachen. Geben Sie Ihrem Baby viel Zeit und Raum, um sich bewegen zu können – jetzt ist nicht die Zeit für den Laufstall, außer in Notsituationen, wenn Sie für ein paar Minuten nicht nach ihm schauen können.

Auch die Feinmotorik entwickelt sich weiter. Geben Sie Ihrem Baby also viele Aufgaben und Spiele, die es mit seinen Fingern machen kann. Es kann einen Stift wie ein Messer halten und bemalt gerne wirklich alles. Ihr Baby hebt auch gerne kleine Dinge auf. Geben Sie Ihm also Nahrungsmittel, die mit den Fingern aufgenommen werden können. Aber vergessen Sie nicht, Ihrem Baby auch einen Löffel und eine Tasse zu geben, denn es wird jeden Tag besser darin, eigenständig zu essen.

Das Denkvermögen Ihres Babys ist nun in vollem Einsatz. Es versucht, Probleme selbst zu lösen, zu lernen, wie Dinge funktionieren, und es will mehr von seiner Welt entdecken.

Sein erstes Wort werden Sie mit einem Jahr hören, wenn nicht schon früher, und bald schon wird Ihr Baby sprechen wie ein Wasserfall. Reden Sie viel mit Ihrem Baby und spielen Sie viele Sprachspiele, um die rezeptiven Fähigkeiten aufzubauen und Ihr Baby auf die expressive Ausdrucksweise vorzubereiten.

Ihr Baby hat einen ausgeprägten Sinn für das Selbst und es weiß, was „meins" ist. Das ist gut so. Ihr Baby ist nicht egoistisch, es versucht bloß herauszufinden, wie und wo es in diese Welt hineingehört. Verwenden Sie häufig den Namen Ihres Babys, hängen Sie seine Kunstwerke an den Kühlschrank, geben Sie ihm einen Spiegel, in dem es sich betrachten kann und achten Sie darauf, ob es an einem speziellen Spielzeug in besonderem Maße hängt. In diesem Alter liebt Ihr Baby Freunde. Also suchen Sie ihm einen Spielfreund im gleichen Alter.

Die Emotionen Ihres Babys sind sehr fein ausgebildet und es kann Wut, Angst, Traurigkeit, Freude sowie Scham, Peinlichkeit und Eifersucht empfinden. Erlauben Sie Ihrem Baby, seinen Gefühlen Ausdruck zu verleihen und helfen Sie ihm bei der richtigen Wortwahl.

Ihr Baby ist nun eigenständiger und kann es sicherlich nicht erwarten, sich mit einigen dieser anspruchsvolleren Spiele zu amüsieren.

BABY-OKE

Ihr Baby wird bald anfangen zu sprechen. Aber bevor es dazu kommt und es das lustige Gebrabbel hinter sich lässt, sollten Sie das Quietschen und Kreischen Ihres Babys aufnehmen, damit Sie es sich über die Jahre immer mal wieder anhören können.

Materialien
- ♣ Ein Aufnahmegerät
- ♣ Eine Wippe

Lerneffekt
- ♣ Vokabular und Sprachentwicklung
- ♣ Hörfähigkeiten
- ♣ Selbstidentität
- ♣ Vokalisierung

Anleitung
1. Machen Sie Ihr Aufnahmegerät bereit.
2. Setzen Sie Ihr Baby in die Wippe auf den Boden und setzen Sie sich daneben.
3. Schalten Sie das Aufnahmegerät an und reden Sie mit Ihrem Baby. Machen Sie Geräusche mit dem Mund, machen sie Laute und formen Sie Worte, usw., damit Ihr Baby „antwortet".
4. Machen Sie Pausen, damit Ihr Baby die Möglichkeit zum Antworten hat.
5. Schalten Sie das Aufnahmegerät aus, nachdem Sie beide einige lustige Geräusche gemacht haben und spielen Sie Ihrem Baby die Aufnahme vor.
6. Bewahren Sie die Aufnahme gut auf und spielen Sie sie ab, wenn Ihr Baby groß ist (vielleicht zusammen mit dem ersten Freund oder der ersten Freundin).

🎤 Variation
Lassen Sie ein einfaches Kinderlied im Hintergrund laufen und singen Sie mit. Ermutigen Sie Ihr Baby mitzusingen, und nehmen Sie das Duett auf. Hören Sie sich das Lied gemeinsam an, wenn Sie es fertig aufgenommen haben.

✂ Sicherheitstipps
Spielen Sie die Aufnahme nicht zu laut ab, zum Schutz des Gehörs Ihres Babys.

WO SIND DIE GLÖCKCHEN?

Bei dieser musikalischen Versteckspiel-Version muss Ihr Baby die versteckten Glöckchen suchen und finden. Es ist zwar nicht besonders schwer, aber es muss genau hinhören, um das Versteck zu finden.

Materialien
- ♀ Ein weiches Spielzeug oder ein Armband mit Glöckchen
- ♀ Verschiedene Verstecke, z.B. ein Kissen, Plüschtiere und Decken

Lerneffekt
- ♀ Ursache und Wirkung
- ♀ Kognitive Entwicklung
- ♀ Hörfähigkeiten

Anleitung
1. Suchen Sie ein Spielzeug mit einem Glöckchen oder basteln Sie eines mit großen Glöckchen (größere Glöckchen sind sicherer und einfacher zu greifen).
2. Setzen Sie Ihr Baby auf den Boden und umgeben Sie es mit möglichen Verstecken, wie Kissen, Plüschtiere und Decken.
3. Halten Sie die Glöckchen hoch und schütteln Sie sie, damit Ihr Baby sie sehen und hören kann.
4. Verstecken Sie die Glöckchen heimlich.
5. Fragen Sie Ihr Baby: „Wo sind die Glöckchen?"
6. Heben Sie die Verstecke nacheinander hoch und schütteln Sie sie. Achten Sie darauf, dass Ihr Baby die Glöckchen nicht sehen kann, wenn Sie den Gegenstand hochheben, in dem die Glöckchen versteckt sind.
7. Beobachten Sie den Gesichtsausdruck Ihres Babys, wenn es die Glöckchen hört.
8. Holen Sie die Glöckchen hervor und sagen Sie: „Hier sind die Glöckchen!".

🔎 Variation
Verstecken Sie die Glöckchen irgendwo im Raum und krabbeln Sie auf Händen und Knien durch den Raum auf der Suche nach den Glöckchen. Schütteln und rütteln Sie die Objekte, an denen Sie vorbeikommen, bis Sie die Glöckchen gefunden haben.

🔗 Sicherheitstipps
Achten Sie darauf, dass die Glöckchen fest angenäht sind, damit Ihr Baby sie nicht schlucken kann.

FANG DAS „GLÜHWÜRMCHEN"!

Da Ihr Baby immer beweglicher wird, mag es besonders gerne Fang- und Verfolgungsspiele. Dieses Spiel wird Ihr Baby in Bewegung bringen, wenn es versucht, das „Glühwürmchen" an der Wand zu fangen.

Materialien
- Ein Stück Pappe
- Eine Schere
- Eine Taschenlampe
- Klebeband
- Ein dunkles Zimmer

Lerneffekt
- Ursache und Wirkung
- Fortbewegung und Koordination
- Kontrolle der Motorik

Anleitung
1. Schneiden Sie die Form eines Käfers aus der Pappe aus, die auf die Linse der Taschenlampe passt.
2. Kleben Sie diese mit Klebeband auf die Linse der Taschenlampe.
3. Machen Sie es sich und Ihrem Baby in einem abgedunkelten Zimmer gemütlich und schalten Sie das Licht aus.
4. Schalten Sie die Taschenlampe ein und strahlen Sie damit die Wand neben Ihrem Baby an.
5. Bewegen Sie den Lichtstrahl der Taschenlampe langsam die Wand entlang, um die Aufmerksamkeit Ihres Babys zu erregen.
6. Sagen Sie Ihrem Baby, dass es das „Glühwürmchen" an der Wand fangen soll.
7. Bewegen Sie den Strahl der Taschenlampe langsam die Wand entlang, während Ihr Baby versucht, den Käfer zu fangen.

Variation
Lassen Sie Ihr Baby den Käfer immer mal wieder „fangen" und schalten Sie die Taschenlampe aus. Richten Sie sie dann auf einen anderen Teil der Wand und schalten Sie sie wieder ein. Lassen Sie Ihr Baby die Taschenlampe ebenfalls bedienen.

Sicherheitstipps
Beruhigen Sie Ihr Baby, falls es Angst in der Dunkelheit haben sollte.

FINGERFREUNDE

Ihr Baby gewinnt nicht nur die Kontrolle über seine größeren Muskelgruppen, sondern auch über die kleineren – speziell seine Finger. Perfekt für eine Runde „Fingerfreunde".

Materialien
- ♟ Ein sauberer, heller Handschuh
- ♟ Permanent-Filzmarker
- ♟ Eine Schere

Lerneffekt
- ♟ Entwicklung der Feinmotorik
- ♟ Sprachentwicklung
- ♟ Soziale Interaktion

Anleitung
1. Suchen Sie sich einen sauberen, hellen Handschuh, der gut passt.
2. Malen Sie mit Permanent-Filzmarkern lustige Gesichter auf die Fingerspitzen der Handschuhe, z.B. Mama, Papa, Schwester, Bruder, Baby oder andere Lieblingsverwandte, das Haustier, usw.
3. Schneiden Sie die Finger des Handschuhs mit einer Schere ab.
4. Ziehen Sie jeden „Fingerfreund" über einen Finger und veranstalten Sie für Ihr Baby eine Fingerpuppenshow. Singen Sie ein paar Lieder und spielen Sie einige Fingerspiele, z.B.:

„Das ist der Daumen"

Das ist der Daumen,
der schüttelt die Pflaumen,
der hebt sie auf,
der trägt sie nach Haus
und der Kleine isst sie alle auf.

⚷ Variation
Ziehen Sie die Fingerpuppen über die Finger Ihres Babys und lassen Sie es die Fingerpuppen erkunden.

⚭ Sicherheitstipps
Achten Sie darauf, dass Ihr Baby die Puppen nicht in den Mund nimmt. Es könnte sie verschlucken.

FINGER, ZEHEN, HAARE UND NASE

Damit sich Ihr Baby mit seinen Körperteilen weiter vertraut machen kann, können Sie dieses schöne Lied-Spiel mit Ihrem Baby spielen. So kann Ihr Baby ganz leicht seine Zehen und seine Nase finden! Sie können sich auch einfach noch mehr Strophen für weitere Körperteile ausdenken.

Materialien
- Fußboden oder eine Wippe
- Ihre Stimme

Lerneffekt
- Entwicklung der Fein- und Grobmotorik
- Entdecken der Körperteile
- Sprachbildung

Anleitung
1. Kleiden Sie Ihr Baby nur in eine Windel.
2. Setzen Sie Ihr Baby auf den Boden oder in die Wippe und setzen Sie sich ihm gegenüber.
3. Singen Sie das folgende Lied und bewegen Sie den Finger Ihres Babys zu den entsprechenden Körperteilen:

„Halte Deinen Finger in die Luft"
Halte Deinen Finger in die Luft, in die Luft,
Halte Deinen Finger in die Luft, in die Luft,
Halte Deinen Finger in die Luft, dann steck ihn in Dein Haar.
Steck Deinen Finger in Dein Haar, steck Deinen Finger in Dein Haar,
Halte Deinen Finger an Deine Nase, an Deine Nase,
Halte Deinen Finger an Deine Nase, an Deine Nase,
Halte Deinen Finger an Deine Nase, dann halte Ihn an Deine Zehen,
Halte Deinen Finger an Deine Zehen, an Deine Zehen.

(Wiederholen Sie alles mit Arm/Bein, Wange/Kinn,
Lippen/Hüften, Nacken/Rücken, dann wie folgt weiter)

Halte Deinen Finger an Deinen Finger, an Deinen Finger,
Halte Deinen Finger an Deinen Finger, an Deinen Finger,
Halte Deinen Finger an Deinen Finger, und leg ihn dann in Deinen Schoß,
und am Ende vom Lied klatsche kräftig los!

✒ Variation

Ersetzen Sie den Finger mit dem Ellbogen, Knie, der Hand oder anderen Körperteilen.

✐ Sicherheitstipps

Spielen Sie sanft mit Ihrem Baby, damit es Spaß an dem Spiel mit seinem Finger hat und sich nicht weh tut.

SCHALEN STAPELN

In diesem Entwicklungsstadium versucht Ihr Baby zu verstehen, wie die Welt funktioniert. Dieses Spiel können Sie gemeinsam in der Küche spielen. Während Sie Ihrem Baby einen Snack zubereiten, kann es seine neuen Fähigkeiten üben.

Materialien
- ♣ Drei oder mehr runde Plastikschalen in verschiedenen Größen, die man ineinander stapeln kann
- ♣ Eine eckige Plastikschüssel

Lerneffekt
- ♣ Ursache und Wirkung
- ♣ Kognitive Entwicklung
- ♣ Entwicklung der Fein- und Grobmotorik
- ♣ Prinzip der Reihung

Anleitung
1. Stellen Sie drei oder mehr runde Plastikschalen auf den Küchenboden, die bereits ineinander gestapelt sind. Stellen Sie eine eckige Plastikschüssel außer Sicht.
2. Setzen Sie Ihr Baby neben die Schüsseln auf den Küchenboden.
3. Zeigen Sie Ihrem Baby, wie man die Schüsseln auseinander nehmen und sie dann wieder der Größe nach ineinander stapeln kann.
4. Lassen Sie Ihrem Baby etwas Zeit, die Schalen zu untersuchen und herauszufinden, wie sie ineinander passen. Es wird Ihrem Baby sehr viel Spaß machen, die Schalen auseinanderzunehmen und sie dann wieder ineinander zu stapeln.
5. Wenn Ihr Baby herausgefunden hat, wie die Schalen ineinander passen, können Sie die eckige Plastikschüssel dazustellen. Beobachten Sie, was es damit macht.

✎ Variation
Sie können auch ein Set ineinander stapelbarer Schalen kaufen. Oder basteln Sie selbst ein Set aus verschieden großen Kartons. Für noch mehr Überraschungseffekt können Sie Ihrem Baby auch eine Matroschka geben, bei der mehrere Puppen ineinander stecken.

✎ Sicherheitstipps
Verwenden Sie Plastikschalen anstelle von Glas oder Metall, damit sich Ihr Baby nicht verletzt. Achten Sie bei einer Matroschka darauf, dass Ihr Baby sie nicht in den Mund nimmt oder sie zerbricht und sich so an einem Splitter verletzen kann.

BABY-PARCOURS

In diesem Alter wird Ihr Baby richtig aktiv. Kriechen, Krabbeln, Laufen – bald gibt es kein Halten mehr. Bauen Sie Ihrem Baby einen Hindernis-Parcours auf, bei dem es seine Kenntnisse zur Problemlösung nutzen kann.

Materialien

 Kleine Hindernisse, z.B. Kissen, Decken, Stoff-tiere, Boxen, Stühle, Tische, Klötze, usw.

Lerneffekt

- Koordination und Fitness
- Entwicklung der Grobmotorik
- Problemlösung

Anleitung

1. Bauen Sie einen Parcours auf, indem Sie kleine, weiche, nachgiebige und einfach zu manö-vrierende Gegenstände entlang eines Flurs oder in ein klei-nes Zimmer legen:
   - Legen Sie einige Kissen zum Klettern auf den Boden
   - Breiten Sie eine Decke zum Krabbeln lose auf dem Boden aus
   - Stapeln Sie einige Stofftiere und weiche Puppen, zum Hindurchkrabbeln
   - Errichten Sie eine kleine Blockade aus Klötzen, um den Parcours etwas herausfordernder zu gestalten
   - Stellen Sie einige Kartons als Tunnel zum Hindurchkrabbeln auf, die an zwei Seiten geöffnet sind
   - Stellen Sie einen Stuhl oder einen kleinen Tisch in die Mitte des Parcours, unter dem Ihr Baby durchkriechen muss
2. Setzen Sie Ihr Baby an einem Ende des Flurs auf den Boden und stellen Sie sich ans andere Ende, so dass Ihr Baby Sie gut sehen kann.
3. Rufen Sie Ihr Baby und lassen Sie es von einem Ende des Parcours zum an-deren kriechen, krabbeln oder laufen.
4. Feuern Sie Ihr Baby gut an. Geben Sie ihm physisch und verbal Tipps, wenn es Probleme hat, eines der Hindernisse zu überwinden. Räumen Sie die Hin-dernisse zur Seite, wenn Ihr Baby nicht mehr weiter kommt.
5. Jubeln Sie, wenn Ihr Baby es bis ans andere Ende des Parcours geschafft hat.

🪶 Variation

Wenn Ihr Baby den Parcours gemeistert hat, können Sie die Hindernisse neu arrangieren und neu starten. Halten Sie die Hindernisse einfach und steigern Sie den Schwierigkeitsgrad nach dem Können Ihres Babys. Fügen Sie auch Hindernisse hinzu, über die Ihr Baby klettern, durch die es sich quetschen, über die es springen, um die es herumlaufen muss, usw.

🖊 Sicherheitstipps

Verwenden Sie für den Parcours keine Gegenstände, die scharfe Kanten oder harte Oberflächen haben, insbesondere bei Gegenständen, mit denen Ihr Baby Kontakt hat (z.B. sind Tische und Stühle in Ordnung, so lange Ihr Baby unter den Tischen oder Stühlen durchkriechen kann und nicht darüber hinweg klettern muss).

PUSTEKUCHEN

Es wird Zeit, für den ersten Geburtstag Ihres Babys zu üben! Bereiten Sie Ihr Baby mit diesem Spiel auf die wichtige Aufgabe vor, seine erste Geburtstagskerze auszupusten.

Materialien

- Kleine, leichte Gegenstände, die einfach wegzupusten sind, wie ein Watteböllchen, eine Feder, ein Stück Papiertaschentuch, Cornflakes, kleine Marshmallows, eine Blume, usw.
- Ein Trinkhalm
- Ein Hochstuhl mit Tablett

Lerneffekt

- Ursache und Wirkung
- Entdecken von Gewicht und dessen Eigenschaften
- Kontrolle über Mund und Atem

Anleitung

1. Setzen Sie Ihr Baby in den Hochstuhl.
2. Legen Sie einen leichten Gegenstand, den man leicht wegpusten kann, auf das Tablett des Hochstuhls.
3. Pusten Sie den Gegenstand leicht an, damit Ihr Baby sieht, wie leicht er sich bewegen kann.
4. Lassen Sie Ihr Baby selbst pusten.
5. Wenn Ihr Baby den Gegenstand erfolgreich vom Tablett gepustet hat, können Sie den nächsten Gegenstand vor ihm hinlegen, den es vom Tablett pusten kann.
6. Lassen Sie Ihr Baby versuchen, durch den Trinkhalm zu pusten

🔑 Variation

Veranstalten Sie einen Puste-Wettkampf: Setzen Sie sich Ihrem Baby gegenüber und pusten Sie einen Gegenstand in seine Richtung. Lassen Sie es zurückpusten und pusten Sie den Gegenstand auch wieder zurück, bis dieser vom Tablett gefallen ist.

✏ Sicherheitstipps

Achten Sie drauf, dass Ihr Baby die Gegenstände nicht verschluckt.

SCHIEBEN UND ZIEHEN

Geben Sie Ihrem Baby einen Lauflernwagen oder ein Schiebetier, um es bei seinen ersten Schritten auf den noch wackeligen Beinchen zu unterstützen. Während sich Ihr Baby auf sein Spielzeug konzentriert, kann es das Laufen üben.

Materialien

- ♣ Zum Schieben: Ein Spielzeug-Rasenmäher, ein Lauflernwagen, ein Einkaufs- oder Kinderwagen, usw.
- ♣ Zum Ziehen: ein kleiner Karren, ein Stofftier an einer Leine, usw.
- ♣ Platz

Lerneffekt

- ♣ Ursache und Wirkung
- ♣ Erkunden der Umgebung
- ♣ Entwicklung der Grobmotorik
- ♣ Unabhängigkeit

Anleitung

1. Suchen Sie ein paar Spielzeuge zum Schieben und Ziehen für Ihr Baby aus. Sie können welche kaufen oder selbst welche bauen.
2. Machen Sie einen großen Bereich auf dem Fußboden frei, vorzugsweise ohne oder nur mit einem dünnen Teppich, damit das Schieben und Ziehen einfacher wird.
3. Bieten Sie Ihrem Baby zuerst ein Spielzeug zum Schieben an, da dies anfangs etwas einfacher ist. Halten Sie die Hände Ihres Babys an die Griffe und leiten Sie es, bis es bereit ist, alleine loszuschieben.
4. Wenn Ihr Baby einige Zeit Spaß mit den Spielsachen zum Schieben hatte, können Sie ihm die Spielsachen zum Ziehen zeigen, für die Ihr Baby ein anderes Können benötigt. Wenn Ihr Baby sich beim Laufen zur Unterstützung noch an Gegenständen festhalten muss, können Sie Ihrem Baby das Seil zum Ziehen in die Hand geben und ihm zeigen, wie es sich mit Ihrer Unterstützung oder dem Festhalten an Gegenständen mit dem Spielzeug fortbewegen kann.

🎾 Variation

Wenn Ihr Baby noch nicht alleine oder nur mit Hilfe laufen kann, können Sie seine Hände an den Griffen des Spielzeugs festhalten und es mit Ihrem Baby zusammen

schieben. Binden Sie das Seil des Spielzeugs zum Ziehen, z.B. ein Stofftier, um die Hüfte Ihres Babys und lassen Sie es das Spielzeug umherziehen, während es krabbelt.

✏ Sicherheitstipps

Passen Sie gut auf, damit Sie Ihr Baby auffangen können, falls es hinfallen sollte. Seien Sie aber nicht zu fürsorglich, sonst kann Ihr Baby nicht lernen, was es mit seinem Körper und den neuen Spielsachen alles machen kann.

RUTSCHIGE RUTSCHE

Ihr Baby wird schon bald richtig laufen. Während es Kontrolle über die großen Muskelgruppen und Balance bekommt und seine Bewegungen zu koordinieren lernt, mag Ihr Baby es besonders gerne, „Tricks" mit seinem Körper zu machen. Bauen Sie eine „rutschige Rutsche", um die neuen Fähigkeiten zu erproben.

Materialien

- ♣ Ein großer Karton
- ♣ Eine Schere oder Cuttermesser
- ♣ Starkes Klebeband

Lerneffekt

- ♣ Balance und Koordination
- ♣ Ursache und Wirkung
- ♣ Entwicklung der Grobmotorik

Anleitung

1. Schneiden Sie einen großen Karton auf und zerlegen Sie ihn in mehrere lange Teile. Legen Sie die Kartonteile übereinander und verkleben Sie sie mit Klebeband.
2. Kleben Sie ein Ende der Karton-Rutsche mit Klebeband an die Sitzfläche der Couch fest.
3. Unterstützen Sie die Rutsche von der Unterseite mit Couchkissen.
4. Platzieren Sie ein weiteres Kissen für eine weiche Landung ans Ende der Rutsche.
5. Halten Sie Ihr Baby am oberen Ende der Rutsche fest und lassen Sie es langsam darauf herunterrutschen, während Sie es weiter festhalten.
6. Wiederholen Sie das Spiel. Halten Sie Ihr Baby weiterhin fest, bis es selbst ausprobieren möchte, ohne Ihre Hilfe herunterzurutschen.

🖋 Variation

Basteln Sie eine Rutsche aus Plastik, damit Sie sie mehrmals verwenden können.

✎ Sicherheitstipps

Lassen Sie Ihr Baby nicht unbeaufsichtigt auf die Rutsche.

SPAGHETTI-WÜRMER

Babys lieben unappetitliche Dinge: Sie lieben es, sie anzufassen und zu quetschen, und sie essen alles, was eine interessante Konsistenz hat. Mit diesem Spiel können Sie Ihrem Baby den Spaß lassen und es gleichzeitig gut ernähren!

Materialien
- Gekochte Spaghetti, Raumtemperatur
- Ein Hochstuhl mit Tablett

Lerneffekt
- Entdecken der Sinne – Fühlen, Textur und Temperatur
- Selbsthilfe – Essen
- Entwicklung der Feinmotorik und der Greif-Fähigkeit

Anleitung
1. Setzen Sie Ihr Baby in den Hochstuhl.
2. Legen Sie eine Handvoll gekochte Spaghetti (Raumtemperatur) auf das Tablett (ohne Sauce).
3. Lassen Sie Ihr Baby die Spaghetti untersuchen. Es wird versuchen, die Spaghetti hochzuheben, sie zu zerdrücken, zu quetschen und zu zermatschen, zu greifen und sie sich schließlich in den Mund zu stecken.
4. Wenn Ihr Baby anfängt, mit den Spaghetti zu werfen, zeigen Sie ihm, dass es die Spaghetti auf das Tablett fallen lassen soll.

Variation
Spielen Sie mit verschiedenen Pastasorten, z.B. Rigatoni, Makkaroni, Lasagneplatten, usw.

Sicherheitstipps
Achten Sie darauf, dass Ihr Baby sich nicht zu viel auf einmal in den Mund steckt.

SCHWAMMFIGUREN

Wasserspiele machen in jedem Alter Spaß. Steigern Sie den Badespaß mit ein paar Schwammfiguren – sie sind bunt, kreativ und ganz einfach zu machen!

Materialien

- Eine Packung bunte Schwämme
- Eine Schere
- Eine Badewanne mit Wasser

Lerneffekt

- Farben und Formen
- Sensorische Stimulation
- Soziale Interaktion

Anleitung

1. Schneiden Sie die bunten Schwämme in einfache Formen, z.B. Kreise, Quadrate, Rechtecke und Dreiecke.
2. Füllen Sie eine Badewanne mit warmem Wasser und setzen Sie Ihr Baby hinein.
3. Lassen Sie die Schwammfiguren in die Wanne fallen und Ihr Baby diese inspizieren.
4. Nehmen Sie einen der Schwämme, wenn Ihr Baby genug damit gespielt hat. Drücken Sie den Schwamm gegen die Badewannenwand. So drücken Sie das Wasser aus und der Schwamm bleibt wie von Zauberhand an der Badewannenwand kleben.
5. Drücken Sie noch mehr Schwämme an die Wand und lassen Sie Ihr Baby die Schwämme von der Wand abziehen.
6. Sprechen Sie über die Formen der Schwämme, während Ihr Baby damit spielt.

🔑 Variation

Schneiden Sie Tierfiguren oder Buchstaben aus den Schwämmen.

✏ Sicherheitstipps

Lassen Sie Ihr Baby nicht unbeaufsichtigt in der Wanne und achten Sie darauf, dass die Wassertemperatur immer angenehm ist.

KLEBE-SPIELZEUG

Ihr Baby schafft es mittlerweile, seine Spielsachen alleine aufzuheben. Gestalten Sie diese Tätigkeit etwas schwieriger und beobachten Sie, ob Ihr Baby dieses Problem auch alleine lösen kann.

Materialien
- Doppelseitiges Klebeband
- Eine Auswahl an kleinen Spielsachen

Lerneffekt
- Ursache und Wirkung
- Entwicklung der Grob- und Feinmotorik
- Problemlösung

Anleitung
1. Schneiden Sie einen halben Meter doppelseitiges Klebeband ab.
2. Kleben Sie das Klebeband mit der klebenden Seite auf den Fußboden.
3. Ziehen Sie die Schutzfolie ab.
4. Positionieren Sie eine Reihe von kleinen Spielsachen, z.B. eine Plastikpuppe, ein kleines Buch, ein Puzzleteil usw., auf dem Klebeband.
5. Setzen Sie Ihr Baby neben die Spielsachen auf den Boden.
6. Versuchen Sie, eines der Spielsachen aufzuheben und zeigen Sie Ihrem Baby, dass Sie damit Schwierigkeiten haben. Bitten Sie Ihr Baby um Hilfe.
7. Beobachten Sie Ihr Baby dabei, wie es versucht, die Spielsachen vom Klebeband zu lösen und hochzuheben.

Variation
Setzen Sie Ihr Baby in einen Hochstuhl. Kleben Sie etwas doppelseitiges Klebeband auf das Tablett und legen Sie Rosinen, Kekse usw. auf das Klebeband. Lassen Sie Ihr Baby die Nahrungsmittel vom Klebeband lösen. Lassen Sie es mit dem Klebeband spielen, wenn es alles gelöst hat.

Sicherheitstipps
Achten Sie darauf, dass Ihr Baby sich das Klebeband nicht ins Gesicht klebt. Helfen Sie Ihrem Baby, wenn es frustriert wird und zeigen Sie ihm, wie es funktioniert.

ZAUBERHEMD

So lange Sie Ihr Baby immer noch mit scheinbar „magischen" Dingen überraschen können, sollten Sie eine Runde „Zauberhemd" spielen. Wo kommt das alles nur her?

Materialien
- Verschieden lange Tücher oder Schals
- Ein großes T-Shirt
- Eine Wippe

Lerneffekt
- Ursache und Wirkung
- Objektpermanenz
- Soziale Interaktion

Anleitung
1. Knoten Sie mehrere Schals und Tücher zu einem langen Schal aneinander.
2. Ziehen Sie ein großes T-Shirt an.
3. Rollen Sie den langen Schal auf und stopfen Sie ihn sich unter das T-Shirt. Lassen Sie ein Ende des Schals aus dem Kragen hängen.
4. Setzen Sie Ihr Baby in die Wippe oder auf den Boden und setzen Sie sich ihm gegenüber.
5. Zeigen Sie Ihrem Baby das Schalende, das aus Ihrem Kragen hängt und beginnen Sie, daran zu ziehen.
6. Geben Sie Ihrem Baby das Ende des Schals in die Hand, wenn der Schal bis zu ihm reicht, und ermuntern Sie es, daran zu ziehen. Helfen Sie Ihrem Baby, wenn nötig.
7. Wiederholen Sie das Spiel, wenn Ihr Baby den ganzen Schal herausgezogen hat.

✎ Variation
Ziehen Sie Ihrem Baby ein großes Shirt an und stopfen Sie den Schal hinein. Ziehen Sie ein Ende des Schals am unteren Bündchen des Shirts, in der Nähe seines Bauchs, heraus und ziehen Sie immer weiter. Lassen Sie auch Ihr Baby daran ziehen. Diesmal spürt es selbst, wie der Schal langsam herausgezogen wird.

✐ Sicherheitstipps
Achten Sie die ganze Zeit auf Ihr Baby, damit es sich nicht mit seinem Körper oder seinem Hals in dem Schal verfängt.

STRUKTUR-REISE

Nehmen Sie Ihr Baby mit auf eine „Struktur-Reise" ins Land der Sinne und lassen Sie es die Wunder der Textur-Welt erkunden. Dieses neue Territorium wird den Horizont Ihres Babys erweitern und seine Sinne stimulieren, während es umherkrabbelt.

Materialien

- ♣ Verschiedene Texturen, z.B. ein Frottee-Handtuch, ein Plastikbogen, ein Stück Pelz, ein Wollmantel, ein Seidennachthemd, ein Stück Alufolie, ein Bogen Wachspapier, eine große Papiertüte, ein Stück Wellpappe, usw.
- ♣ Ein großer, freier Bereich auf dem Fußboden

Lerneffekt

- ♣ Kognitive Fähigkeiten und Klassifizierung
- ♣ Entdecken der Sinne – Fühlen, Textur und Temperatur
- ♣ Entwicklung der Grobmotorik

Anleitung

1. Legen Sie die verschiedenen Materialien auf einem großen, freien Fußbodenbereich aus. Bedecken Sie den Fußbodenbereich, wenn mög- lich, komplett. Legen Sie kontrastie- rende Materialien direkt nebeneinander, damit es noch interessanter für Ihr Baby wird.
2. Setzen Sie Ihr Baby an den Rand und positionieren Sie sich auf der anderen Seite.
3. Fordern Sie Ihr Baby auf, zu Ihnen auf die andere Seite zu kommen. Beob- achten Sie den Ausdruck Ihres Babys, während es über die verschiedenen Strukturen krabbelt.

🪀 Variation

Wickeln Sie Ihr Baby nacheinander in die verschiedenen Materialien ein, anstatt es darüber hinweg krabbeln zu lassen. Lassen Sie Ihrem Baby Zeit, jedes Mate- rial zu erfühlen, bevor Sie es mit dem nächsten tauschen. Sprechen Sie über die verschiedenen Texturen und Materialien, während Sie spielen.

🖉 Sicherheitstipps

Lassen Sie Ihr Baby nicht unbeaufsichtigt mit den Materialien. Es könnte versuchen, sie sich in den Mund zu stecken und sich daran verschlucken.

KLEßEßAND-SPASS

Dieses lustige Spiel wird Sie beide zum Lachen bringen. Während Sie über die lustigen Gesichter lachen, kann Ihr Baby noch einige Fähigkeiten entwickeln. Passen Sie nur auf, dass die komischen Grimassen nicht so bleiben!

Materialien

- ♣ Eine Rolle transparentes, sehr weiches und nicht feste klebendes Klebeband, mit dem auch Kinder-Verbände geklebt werden, oder transparente Kinderpflaster
- ♣ Ein Spiegel

Lerneffekt

- ♣ Emotionaler Ausdruck
- ♣ Sinn für Humor
- ♣ Soziale Interaktion
- ♣ Körperbewusstsein und Tastgefühl

Anleitung

1. Stellen Sie einen Spiegel gegen eine Wand, so dass Ihr Baby sich sehen kann, während Sie spielen.
2. Setzen Sie sich mit Ihrem Baby im Schoß vor den Spiegel.
3. Schneiden Sie ca. 30 cm von dem Klebeband ab.
4. Machen Sie eine lustige Grimasse in den Spiegel und kleben Sie sich die Grimasse mit Klebeband fest. Verwenden Sie mehrere Stücke, wenn Sie mögen, und machen Sie einen schiefen Mund, ziehen Sie die Augenbrauen hoch, drücken Sie Ihre Nase platt, lassen Sie die Augenlider hängen und kleben Sie alles einzeln fest.
5. Schauen Sie Ihr Baby im Spiegel an und sagen Sie etwas Lustiges mit Ihrer komischen Grimasse.
6. Drehen Sie Ihr Baby herum, so dass es Sie direkt ansehen kann und fangen Sie an, sich die Klebestreifen nacheinander abzuziehen. Lassen Sie Ihr Baby auch einige Klebestreifen abziehen.
7. Wiederholen Sie das Spiel mit verschiedenen Grimassen.

✎ Variation

Nachdem Sie sich die Grimasse festgeklebt haben, können Sie ein paar Grimassen mit Ihrem Baby machen. Oder kleben Sie ein Stückchen Klebeband auf die Arme oder Beine und lassen Sie es die Streifen abziehen.

9-12 Monate

✏ Sicherheitstipps

Manchmal erschrecken sich Babys vor Grimassen, sprechen Sie deshalb mit Ihrem Baby, während Sie spielen und versichern Sie Ihrem Baby, dass Sie Mama oder Papa sind. Kleben Sie Ihrem Baby das Klebeband vorsichtig auf und bedecken Sie nicht seine Augen, Mund oder Nase. Entfernen Sie das Klebeband ganz sanft und langsam und passen Sie auf, dass Ihr Baby das Klebeband nicht verschluckt.

RING-FALLE

Zur gleichen Zeit, in der Ihr Baby anfängt zu krabbeln, fängt es auch zu klettern an. Fördern Sie Ihr Baby und seine neu entdeckten Beinchen mit diesem Spiel.

Materialien
- Ein Reifenschlauch oder ein aufblasbarer Wasserspielzeug-Ring

Lerneffekt
- Entdecken
- Entwicklung der Grobmotorik
- Problemlösung

Anleitung
1. Legen Sie den Reifenschlauch oder den Wasserspielzeug-Ring auf den Boden.
2. Setzen Sie Ihr Baby in die Mitte des Rings.
3. Lassen Sie Ihr Baby den Ring erforschen und es alleine einen Weg hinaus finden.
4. Geben Sie Ihrem Baby Beifall, wenn es sich befreit hat. Lassen Sie ihm etwas Zeit, die Beschaffenheit des Rings zu untersuchen.

✎ Variation
Geben Sie Ihrem Baby verschiedene Ringe zum Erforschen. Für eine größere Herausforderung können Sie auch zwei Ringe übereinander legen und Ihr Baby aus den Ringen herausklettern lassen.

✐ Sicherheitstipps
Wenn der Ring ein vorstehendes Ventil hat, sollten Sie es mit starkem Klebeband abkleben, damit sich Ihr Baby nicht daran verletzen kann. Zeigen Sie Ihrem Baby, wie es aus dem Ring herauskommt, wenn es Angst bekommt. Lassen Sie es den Ring danach erst einmal etwas genauer erkunden, bevor Sie das Spiel noch einmal versuchen.

TUNNEL-KRABBLER

Für ein sich entwickelndes Baby ist das Krabbeln immer ein Abenteuer und eine Fähigkeit, mit der es auf allen Vieren eine neue Welt erkunden kann. Bauen Sie Ihrem Baby einen einfachen Tunnel, in dem Sie einige Hindernisse verstecken, um die neue Erfahrung für Ihr Baby noch aufregender zu gestalten.

Materialien
- 3 Kartons, groß genug, damit Ihr Baby ohne Probleme hindurchkrabbeln kann
- Eine Schere
- Starkes Klebeband
- Stofftiere, Kissen oder eine Decke

Lerneffekt
- Entdecken
- Entwicklung der Grobmotorik
- Problemlösung

Anleitung
1. Schneiden Sie an allen Kartons die Klappen ab und kleben Sie die Kartons mit starkem Klebeband zu einem Tunnel aneinander.
2. Platzieren Sie den Tunnel mitten im Raum auf dem Boden.
3. Bauen Sie mit Stofftieren, Kissen oder einer Decke Hindernisse in den Tunnel (eine Decke wird den Boden des Tunnels etwas rutschig machen).
4. Setzen Sie Ihr Baby an den Eingang des Tunnels und sich selbst an den Ausgang.
5. Schauen Sie in den Tunnel und rufen Sie Ihr Baby, damit es zu Ihnen krabbelt. Locken Sie es mit einem Spielzeug, wenn es nicht in den Tunnel krabbeln möchte.
6. Feuern Sie Ihr Baby an, wenn es durch den Tunnel zum anderen Ende krabbelt.
7. Wiederholen Sie das Spiel, lassen Sie Ihr Baby den Tunnel ausgiebig erkunden und Spaß daran haben.

🔑 Variation

Wenn Ihr Baby sich in dem Tunnel wohlfühlt, können Sie über die Eingänge des Tunnels jeweils eine Decke hängen. Lassen Sie Ihr Baby selbst herausfinden, wie es aus dem Tunnel hinauskommt.

🔗 Sicherheitstipps

Zwingen Sie Ihr Baby nicht dazu, in den Tunnel zu krabbeln, wenn es Angst hat. Lassen Sie den Tunnel einfach für eine Weile weiter im Raum stehen, damit sich Ihr Baby daran gewöhnen kann. Probieren Sie es dann noch einmal. Nehmen Sie die Decken an den Eingängen des Tunnels wieder weg, wenn es Ihr Baby zu sehr aufregt.

UPPSALLA

Sobald Ihr Baby gelernt hat, wie man mit Bauklötzen Türme bauen kann, macht es ihm am meisten Spaß, die Türme wieder umzuschmeißen. Bereiten Sie sich und Ihrem Baby eine Menge Spaß, wenn Sie zuerst gemeinsam große Türme aus Klötzen bauen und diese danach von der menschlichen Baby-Abrissbirne umschmeißen lassen.

Materialien
- ⚜ Große Bauklötze, gekauft oder aus Milchkartons selbst gebastelt
- ⚜ Buntes Klebeband zum Dekorieren (optional)
- ⚜ Platz

Lerneffekt
- ⚜ Ursache und Wirkung
- ⚜ Kognitive Fähigkeiten
- ⚜ Entwicklung der Feinmotorik
- ⚜ Problemlösung

Anleitung
1. Kaufen Sie einige große Bauklötze oder basteln Sie sie selbst: Sammeln Sie leere Milchkartons, waschen und trocknen Sie diese gut und schneiden Sie sie an den Enden auf. Falten Sie die Enden ein, so dass Rechtecke und Quadrate entstehen. Verschließen Sie die Seiten mit Klebeband und dekorieren Sie die Kartons nach Belieben.
2. Setzen Sie Ihr Baby auf den Boden und verteilen Sie die Klötze um Ihr Baby herum.
3. Zeigen Sie Ihrem Baby, wie man Türme baut, indem Sie die Klötze aufeinander stellen. Ermuntern Sie Ihr Baby, es Ihnen nachzutun.
4. Lassen Sie Ihr Baby den Turm wieder umschmeißen, wenn er hoch genug ist.
5. Wiederholen Sie das Spiel, bis es Ihrem Baby langweilig wird.

🔎 Variation
Stapeln Sie Haushaltsgegenstände anstelle der Klötze. Sie können Spielsachen und alles, was stapelbar ist, verwenden: leichte Bücher, Boxen, Kekse, usw.

✏ Sicherheitstipps
Wenn Sie etwas anderes als Bauklötze verwenden, sollten Sie darauf achten, dass die Gegenstände nicht zu schwer sind, damit sich Ihr Baby nicht verletzt, wenn einer der Gegenstände auf Ihr Baby fallen sollte.

LAGEN-LOOK

Ihr Baby wird bald schon viele Dinge ganz alleine machen. Sie können ihm mit diesem Spiel dabei helfen, diese Fähigkeiten weiter auszubauen. Bei diesem Spiel wird Ihr Baby viel Freude am Überraschungseffekt haben.

Materialien

- ⚥ Eine Auswahl an Kleidungsstücken mit verschiedenen Verschlüssen – Knöpfe, Reißverschlüsse, Druckknöpfe, Klettverschlüsse, Schleifen, usw.
- ⚥ Ihr Körper
- ⚥ Eine Wippe

Lerneffekt

- ⚥ Ursache und Wirkung
- ⚥ Antizipation und Überraschung
- ⚥ Entwicklung der Feinmotorik
- ⚥ Selbsthilfe – Anziehen

Anleitung

1. Sammeln Sie eine Auswahl an Kleidungsstücken mit verschiedenen Verschlüssen zusammen.
2. Ziehen Sie die Kleidungsstücke übereinander an.
3. Setzen Sie Ihr Baby in die Wippe und stellen Sie sich Ihrem Baby gegenüber.
4. Zeigen Sie Ihrem Baby Ihr lustiges Outfit und fangen Sie an, sich das erste Kleidungsstück auszuziehen. Lassen Sie sich bei den Verschlüssen von Ihrem Baby helfen. Machen Sie nach jedem Kleidungsstück ein überraschtes Gesicht.
5. Spielen Sie das Spiel, bis jedes Kleidungsstück ausgezogen ist.

🎾 Variation

Anstatt sich selbst anzuziehen, können Sie auch Ihr Baby in mehrere Lagen kleiden. Ziehen Sie die Kleidungsstücke dann nacheinander aus. Alternativ können Sie auch eine große Puppe anziehen und sie zusammen wieder ausziehen.

🔒 Sicherheitstipps

Helfen Sie Ihrem Baby, damit es nicht frustriert wird.

Zwölf bis achtzehn Monate

Dieses Alter ist ein Wendepunkt für Ihr Baby. Es ist nun fähig, in einfachen Worten zu kommunizieren und kann sich mit nur wenig Hilfe fortbewegen. Parallel dazu entwickelt sich auch die Aufmerksamkeitsspanne Ihres Babys – und damit das Verlangen nach größeren Herausforderungen.

Ihr Baby bewegt sich umher – mal auf wackeligen Beinchen, mal bei großer Geschwindigkeit. Es wird oft hinfallen, aber schränken Sie es in seinem Bewegungsdrang nicht ein – es ist wichtig für Ihr Baby, alles erforschen zu können, und das am besten mit ganzem Körpereinsatz. Wenn Sie in dieser Zeit zu überfürsorglich sind, wird Ihr Baby viele Möglichkeiten verpassen, bei denen es seine Bewegungsfähigkeit trainieren kann. Natürlich sollten Sie trotzdem gut auf Ihr Baby achten – es ist schneller als Sie denken!

Lassen Sie Ihr Baby selbst malen, essen und auch anfangen, sich selbst anzuziehen. Diese Selbsthilfe-Fähigkeiten werden Ihnen auf lange Sicht Zeit einsparen und Ihr Baby wird sich kompetent und selbstsicher fühlen, was zu einem größeren Selbstwertgefühl führt.

Ihr Baby wird nun bald ein kleiner Wissenschaftler, alles wird zu einem Experiment. Wenn Ihr Baby etwas macht, das auf den ersten Blick sehr töricht erscheint, wie die Milch über den Teller und auf den Fußboden zu schütten, oder auf eine Schnecke zu treten, erforscht es tatsächlich nur seine Welt. Versuchen Sie zu verstehen, was und wie Ihr Baby denkt und betrachten Sie die Welt aus seiner Perspektive. Das ist sehr hilfreich in dieser Entwicklungsphase, in der Ihr Baby sehr egozentrisch ist und weder Ihre noch irgendeine andere Perspektive einnehmen kann.

Bringen Sie Ihrem Baby viele neue Wörter bei – in diesem Alter saugt Ihr Baby Sprache auf wie ein Schwamm. Verwenden Sie neues Vokabular immer kontextabhängig, z.B. wenn Sie den Zoo besuchen, beim Einkaufen oder wenn Sie die Kleidung Ihres Babys wechseln. Machen Sie keine Dateikarten und versuchen Sie nicht, Ihrem Baby neue Worte aufzuzwingen – lassen Sie es die neuen Worte ganz natürlich lernen. Und schauen Sie darüber hinweg, wenn Ihr Baby Fehler bei der Aussprache macht. Geben Sie Ihrem Baby die korrekte Aussprache vor, aber lassen Sie es ohne viel Kritik oder Störungen lernen zu sprechen.

Während es seine sozialen Kompetenzen weiterentwickelt, werden Freunde immer wichtiger für Ihr Baby. Es wird bald lernen zu teilen, Empathie für andere zu entwickeln, und es wird eine besondere Person außerhalb der Familie haben. Puppen und andere Objekte bieten Ihrem Baby die Möglichkeit zu lernen, sich auf ein Rollenspiel einzulassen und Emotionen auszudrücken. Wenn Ihr Baby Emotionen ausdrückt, können Sie ihm die passenden Begriffe dazu beibringen. Ihr Baby wird seine Emotionen weniger stark physisch ausleben, wenn es weiß, wie es sich mit Worten ausdrücken kann. Es beginnt nun, sein Verhalten zu kontrollieren, aber das Erlernen dieser Fähigkeit wird einige Zeit dauern, erwarten Sie also keine Änderungen über Nacht.

Machen Sie sich bereit, Ihr Baby ist schon auf dem Weg!

BABY-HAUS

Es wird Zeit, dass Sie Ihrem Baby ein eigenes Haus bauen, damit es seine auf-
keimende Unabhängigkeit ausleben kann. Während die Phantasie Ihres Babys
weiter wächst, wird sich das Haus im Laufe der Zeit bald in eine Festung, Höhle
oder sogar ein Raumschiff verwandeln!

Materialien
- Ein Kartentisch, ein anderer kleiner Tisch oder ein großer Karton
- Ein Laken, eine Decke oder etwas anderes zum Darüberhängen
- Platz
- Eine Taschenlampe

Lerneffekt
- Kognitive Fähigkeiten und Denkvermögen
- Vorstellungskraft und Kreativität
- Ich-Erleben, Abnabelungsprobleme
- Räumliche Beziehungen

Anleitung
1. Stellen Sie einen kleinen Tisch in eine freie Ecke im Raum.
2. Breiten Sie über dem Tisch ein Laken aus, so dass das Laken an den Seiten
   herunterhängt und ein „Haus" entsteht.
3. Legen Sie eine Ecke der Decke hoch, damit ein Eingang entsteht.
4. Krabbeln Sie mit Ihrem Baby in das Haus.
5. Lassen Sie die Ecke der Decke wieder herunter und genießen Sie den neuen Ort.
6. Lassen Sie Ihr Baby alleine in seinem Haus, wenn es sich daran gewöhnt hat
   und sich wohl fühlt.
7. Wenn es in dem neuen Haus zu dunkel ist, können Sie Ihrem Baby eine Taschenlampe geben.

🔑 Variation
Malen Sie von innen einige häusliche Details an das Laken oder die Kartonwände,
damit es authentischer wirkt. Lassen Sie Ihr Baby ein paar Spielsachen, Stofftiere
oder einen Stuhl mit in sein Haus nehmen.

🔏 Sicherheitstipps
Stellen Sie sicher, dass Ihr Baby keine Angst hat, alleine in sein Haus zu gehen. Lassen
Sie eine Seite offen, wenn Ihrem Baby ein komplett geschlossenes Haus unheimlich ist.

KÖRPERKUNST

Im Laufe seiner Entwicklung wird Ihr Baby immer mehr Interesse an seinem Körper und seinen Funktionen zeigen. Die Bade-Zeit ist eine tolle Möglichkeit, Ihr Baby mit seinem Körper vertrauter zu machen – am besten bei einer Runde Badewannen-Körperkunst!

Materialien
- ⚬ Ungiftige Körpermalfarbe für Kinder, verschiedene Farben
- ⚬ Eine Badewanne

Lerneffekt
- ⚬ Kreativität
- ⚬ Eigenwahrnehmung
- ⚬ Sensorische Stimulation

Anleitung
1. Lassen Sie ein warmes Bad für Ihr Baby einlaufen, niedrig genug, damit es darin sitzen kann.
2. Setzen Sie Ihr Baby in die Wanne und lassen Sie es sich an das Wasser gewöhnen.
3. Öffnen Sie eine Tube Körpermalfarbe und drücken Sie einen Punkt Farbe auf den Arm Ihres Babys.
4. Verstreichen Sie die Farbe mit den Fingern und ermuntern Sie Ihr Baby, es Ihnen nachzutun.
5. Verwenden Sie weitere Farben an anderen Körperteilen – Hände, Beine, Nacken, Schultern, Brust und Rücken.
6. Lassen Sie Ihr Baby die Farben verstreichen, waschen Sie die Farben wieder ab und beginnen Sie von vorne.

🔑 Variation
Steigen Sie zu Ihrem Baby in die Wanne und lassen Sie sich von ihm mit Farbe bemalen.

✂ Sicherheitstipps
Achten Sie darauf, dass die Farben für Kinder geeignet und ungiftig sind. Malen Sie nicht das Gesicht Ihres Babys an. Wenn Ihr Baby dazu neigt, sich das Gesicht mit den Händen abzuwischen, sollten Sie die Farbe nicht in seine Hände geben.

KARTONAUTO-RENNEN

Ihr Baby ist nun alt genug, die erste Runde in seinem eigenen Kartonauto zu drehen! Alles, was Sie für den ersten fahrbaren Untersatz Ihres Babys brauchen ist ein großer Karton, etwas Farbe und Kreativität. Dann kann sich Ihr Baby bald schon auf den Weg machen!

Materialien

- ♣ Ein Karton, in den Ihr Baby bequem hineinpasst
- ♣ Plakatfarbe oder Filzmarker
- ♣ Seil, ca. einen Meter
- ♣ Platz

Lerneffekt

- ♣ Entwicklung der Grobmotorik
- ♣ Phantasie
- ♣ Soziale Kompetenzen

Anleitung

1. Entfernen Sie den Deckel und Boden des Kartons, lassen Sie die Seitenwände aber intakt.
2. Malen Sie mit Filzmarkern oder Plakatfarbe Automerkmale auf die Kartonseiten, z.B. Türen, Scheinwerfer und Rückleuchten, Motorhaube, Räder, usw. Malen Sie nach Belieben zum Spaß ein Gesicht auf die Front des Autos. Lassen Sie sich beim Malen von Ihrem Baby helfen.
3. Schneiden Sie zwei Löcher in die Seiten des Kartons, groß genug, damit Ihr Baby seine Hände hindurchstecken und den Karton festhalten kann.
4. Lassen Sie Ihr Baby in den Karton steigen und mit seinem Auto durch den Raum rasen.

🔑 Variation

Binden Sie zwei Seile jeweils vorne und hinten am Kartonauto fest, so dass das Kartonauto auf den Schultern Ihres Babys getragen werden kann und Ihr Baby es nicht an den Griffen halten muss. Oder dekorieren Sie den Karton mit Tieranstatt Autodetails.

✂ Sicherheitstipps

Bekleben Sie die Schnittflächen der Griffe mit starkem Klebeband, damit der Karton besser getragen werden kann.

BOX IN DER BOX

Teils „Schachtelteufel", teils „Rate, was drin ist", wird dieses Spiel Ihr Baby zum Raten und Kichern bringen. Stellen Sie sicher, dass am Ende des Spiels etwas Tolles auf Ihr Baby wartet, damit sich seine Geduld auch gelohnt hat!

Materialien

- ♣ Eine Auswahl an Boxen oder Kartons in verschiedenen Größen, die ineinander stapelbar sind
- ♣ Ein kleines Spielzeug oder eine kleine Leckerei

Lerneffekt

- ♣ Objektpermanenz
- ♣ Problemlösung
- ♣ Sortierung, Klassifizierung, Reihung

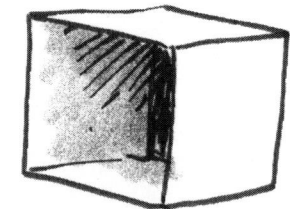

Anleitung

1. Tragen Sie eine Auswahl an verschieden großen Boxen oder Kartons zusammen, die ineinander stapelbar sind, von sehr großen bis sehr kleinen Boxen und Kartons.
2. Legen Sie ein kleines Spielzeug oder eine Leckerei in die kleinste Box, als Überraschung für Ihr Baby am Ende des Spiels.
3. Verschließen Sie die kleinste Box und legen Sie sie in die nächst größere Box. Verschließen Sie diese.
4. Legen und verschließen Sie die Boxen ineinander, bis alle Boxen in der größten Box verschachtelt sind.
5. Bringen Sie Ihr Baby in den Raum und zeigen Sie ihm die Box.
6. Fragen Sie: „Was ist da wohl drin?" und helfen Sie Ihrem Baby den Deckel der Box abzunehmen.
7. Wenn Ihr Baby die Box in der Box sieht, sagen Sie: „Noch eine Box!". Heben Sie diese Box aus der großen Box heraus und lassen Sie sie von Ihrem Baby öffnen.
8. Fahren Sie so fort, bis Sie an der kleinsten Box angelangt sind. Lassen Sie auch diese von Ihrem Baby öffnen, damit es die Überraschung findet!

✒ Variation

Lassen Sie Ihr Baby die Boxen der Größe nach wieder ineinander verschachteln.

✐ Sicherheitstipps

Achten Sie darauf, dass die Boxen leicht zu öffnen sind, damit Ihr Baby es auch ohne Ihre Hilfe schafft.

HOCH HINAUS!

Sobald sie darauf stehen können, testen die meisten Babys sehr gerne ihre Beinchen, indem sie auf alles klettern, was sich Ihnen in den Weg stellt. Einfaches Laufen ist ihnen nicht genug – sie wollen bis ganz nach oben!

Materialien

- ♣ Gegenstände, an denen Ihr Baby hochklettern kann, z.B. Kissen, feste Boxen, kleine Stühle oder Hocker, usw.
- ♣ Viel Platz zum Spielen

Lerneffekt

- ♣ Entdecken
- ♣ Entwicklung der Grobmotorik
- ♣ Problemlösung

Anleitung

1. Arrangieren Sie einige Gegenstände zum Klettern. Achten Sie darauf, dass zwischen den Gegenständen ausreichend Abstand besteht.
2. Bringen Sie Ihr Baby in den Raum und zeigen Sie ihm die Gegenstände zum Klettern.
3. Ermutigen Sie Ihr Baby, auf, über und unter die Gegenstände zu klettern. Helfen Sie ihm falls notwendig.
4. Wenn Ihr Baby jeden Gegenstand gemeistert hat, können Sie mehrere Gegenstände zusammen stellen, so dass es über alle gleichzeitig klettern kann.

🖉 Variation

Arrangieren Sie die Gegenstände für ein stufenweises Klettern, z.B. kann Ihr Baby über ein Kissen und einen Stuhl auf die Couch klettern. Oder bauen Sie die Gegenstände im Flur als Barriere auf, über die Ihr Baby klettern muss, um auf die andere Seite zu gelangen.

🖉 Sicherheitstipps

Bleiben Sie die ganze Zeit bei Ihrem Baby und behalten Sie es gut im Auge, falls es die Balance verliert und hinunterfällt. Legen Sie den Boden mit Decken und anderen weichen Untergründen aus, damit es im Ernstfall weich fällt.

FÜNF KLEINE FINGER

Wenn Ihr Baby gelernt hat, seine Arme, Hände und endlich auch seine kleinen Finger zu kontrollieren, wird dieses Spiel dabei helfen, seine Feinmotorik noch weiter zu verbessern. Bald schon werden diese kleinen Finger genau das machen, was sie sollen.

Materialien
- Ungiftige Filzmarker in verschiedenen Farben
- Die Finger Ihres Babys und Ihre eigenen Finger

Lerneffekt
- Entwicklung der Feinmotorik
- Sprachentwicklung
- Soziale Kompetenzen

Anleitung
1. Malen Sie mit ungiftigen Filzmarkern kleine Gesichter auf die Fingerkuppen Ihres Babys – Vater, Mutter, Schwester, Bruder und Baby. Sie können auch spezielle Gesichtsausdrücke malen – glücklich, traurig, wütend, schläfrig und überrascht.
2. Malen Sie sich dieselben Motive auf Ihre eigenen Fingerkuppen.
3. Setzen Sie sich Ihrem Baby gegenüber, so dass sie beide die Fingerkuppen des anderen sehen können.
4. Singen Sie das folgende Lied und bewegen Sie den entsprechenden Finger. Helfen Sie Ihrem Baby, auch seine Finger zu bewegen:

„Fünf kleine Finger"

Ein kleiner Finger (halten Sie den Zeigefinger hoch)

sagt Hallo (beugen Sie den Finger),

Wo ist mein Freund? (Finger kreisen)

Was weißt Du! (Halten Sie den nächsten Finger hoch)

Zwei kleine Finger (Halten Sie zwei Finger hoch)

sagen Hallo! (beugen Sie die Finger),

Wo ist unser Freund? (Kreisen Sie die Finger)

Was weißt Du! (Halten Sie den nächsten Finger hoch)

(Wiederholung mit allen fünf Fingern).

✿ Variation

Singen Sie das Lied zuerst mit Ihren eigenen Fingern, um Ihrem Baby zu zeigen, wie es funktioniert. Malen Sie dann Gesichtsausdrücke auf die Finger Ihres Babys und lassen Sie es mitspielen.

⸘ Sicherheitstipps

Verwenden Sie ungiftige Filzmarker, falls Ihr Baby sich die Finger in den Mund steckt.

FOLGE MIR!

Ihr Baby wird viel Spaß mit diesem Spiel haben, während es sich durch seine Umgebung bewegt. Und das Beste an diesem Spiel sind die vielen Überraschungen, da Ihr Baby nie weiß, welchen Weg es gehen wird.

Materialien
- ♣ Ein kleines Stofftier
- ♣ Seil, ca. 1,5-2 Meter

Lerneffekt
- ♣ Entdecken
- ♣ Entwicklung der Grobmotorik
- ♣ Problemlösung
- ♣ Visuelle Verfolgung

Anleitung
1. Suchen Sie ein kleines Stofftier aus, das die Aufmerksamkeit Ihres Babys auf sich zieht.
2. Binden Sie ein Ende des Seils um das Stofftier.
3. Setzen Sie das Stofftier in die Mitte eines Raumes.
4. Legen Sie das andere Ende des Seils außer Sicht.
5. Setzen Sie Ihr Baby neben das Stofftier auf den Boden.
6. Gehen Sie zum anderen Ende des Seils, so dass Ihr Baby Sie nicht sehen kann. Ziehen Sie an dem Stofftier, damit es sich bewegt. Ihr Baby sollte versuchen, dem Stofftier zu folgen.
7. Ziehen Sie das Stofftier und lenken Sie Ihr Baby so durch Ihr Haus.
8. Nachdem Sie sich durch alle Räume bewegt haben, können Sie Ihrem Baby das Seil zeigen, damit es weiß, wie es funktioniert.

🔑 Variation
Wenn auch der andere Elternteil verfügbar ist, können Sie das Spiel auch zu dritt spielen. Einer zieht das Stofftier, während der andere Elternteil sich mit dem Baby durch die Wohnung bewegt und Dinge sagt wie: „Da ist es!" und „Wo will es hin?"

✏ Sicherheitstipps
Achten Sie darauf, dass keine gefährlichen Hindernisse im Weg sind, damit Ihr Baby sich nicht verletzt. Falls möglich, sollten Sie Ihr Baby im Auge behalten, ohne dass es Sie sieht.

VOM KOPF BIS ZU DEN ZEHEN

Es ist Zeit für das tägliche Fitnesstraining Ihres Babys. Dazu eignet sich eine Runde „Vom Kopf bis zu den Zehen", am besten zu einem tollen Lied. So wird das Training direkt viel lustiger.

Materialien
- Bunte Sticker oder Klebepunkte

Lerneffekt
- Erforschung der Körperteile
- Entwicklung der Grobmotorik
- Bewegung und Koordination

Anleitung
1. Kleben Sie bunte Sticker oder Punkte oberhalb Ihrer Augen, auf die Stirn, Ohren, Nase, beide Schultern, Knie und alle zehn Zehen.
2. Machen Sie das gleiche bei Ihrem Baby.
3. Stehen Sie auf und singen Sie das folgende Lied, während Sie die entsprechenden Körperteile berühren:

„Kopf, Schultern, Knie und Zehen"

Kopf, Schultern, Knie und Zehen, Knie und Zehen,
(berühren Sie die entsprechenden Körperteile)
Kopf, Schultern, Knie und Zehen, Knie und Zehen,
(berühren Sie die entsprechenden Körperteile)
Augen und Ohren und Mund und Nase,
(berühren Sie die Sticker auf jedem Körperteil)
Kopf, Schultern, Knie und Zehen, Knie und Zehen.
(berühren Sie die entsprechenden Körperteile)

🪃 Variation
Anstatt Sticker zu verwenden, können Sie auf die Körperteile Punkte mit ungiftigen Filzmarkern malen. Fügen Sie noch weitere Körperteile hinzu – Arme, Beine, Brust, Nacken, Hände, Füße, Rücken und Po.

Sicherheitstipps
Sammeln Sie alle Sticker wieder ein, wenn Sie fertig sind, damit Ihr Baby nicht versucht, diese zu essen. Filzmarker sind deswegen hier die sicherere Variante.

126

HEITERER JONGLEUR

Sobald Ihr Baby seine beiden Hände entdeckt, ist es fasziniert vom Greifen und Halten von Gegenständen. Werfen Sie ein paar Dinge in die Luft und beobachten Sie, wie Ihr Baby zum heiteren Jongleur wird!

Materialien
- ♣ 3 einfach zu haltende, interessante Spielsachen

Lerneffekt
- ♣ Koordination
- ♣ Entwicklung der Feinmotorik
- ♣ Problemlösung

Anleitung

1. Suchen Sie drei bunte Spielsachen aus, die einfach zu greifen und zu halten sind. Noch besser ist es natürlich, wenn Sie neue Spielsachen haben, die Ihr Baby noch nicht kennt. Halten Sie die Spielsachen außer Sicht.

2. Setzen Sie Ihr Baby auf den Boden oder lassen Sie es stehen, wenn es das lieber mag.

3. Geben Sie Ihrem Baby eines der Spielsachen und lassen Sie es damit für ein paar Minuten spielen und es erforschen (bewahren Sie das Interessanteste für den Schluss auf).

4. Bieten Sie Ihrem Baby ein zweites Spielzeug an, während es das erste noch festhält. Beobachten Sie die Reaktion Ihres Babys. Es wird entweder das neue Spielzeug in die zweite, freie Hand nehmen oder das erste Spielzeug fallenlassen und sich auf das zweite Spielzeug konzentrieren.

5. Ermuntern Sie Ihr Baby, das erste Spielzeug wieder aufzuheben, wenn Ihr Baby es fallengelassen hat, so dass es in jeder Hand ein Spielzeug hat.

6. Bieten Sie Ihrem Baby ein drittes Spielzeug an, nachdem es eine Weile mit den beiden anderen Spielsachen gespielt hat. Beobachten Sie wieder die Reaktion. Ihr Baby wird entweder eines oder beide der Spielzeuge in seinen Händen fallenlassen, oder es wird beide Spielsachen festhalten und versuchen herauszufinden, wie es auch noch das dritte Spielzeug zusätzlich halten kann. Lassen Sie Ihr Baby selbst entscheiden, wie es dieses Problem löst.

✎ Variation

Machen Sie das Spiel etwas lustiger, indem Sie Ihrem Baby immer mehr Spielsachen reichen, sich diese immer weiter türmen und schließlich herunterfallen. Das wird sie bestimmt beide zum Lachen bringen!

✐ Sicherheitstipps

Achten Sie darauf, dass die Spielsachen gut festzuhalten und nicht zu schwer sind, für den Fall, dass eines Ihrem Baby versehentlich auf den Fuß fällt.

HÖR MAL!

Steigern Sie die Hörfähigkeiten Ihres Babys mit diesem Spiel. Je mehr Geräusche Sie machen, desto spaßiger und interessanter wird es, wenn Ihr Baby versucht herauszufinden, woher die Geräusche kommen.

Materialien
- ♣ Drei bis fünf Gegenstände, die Geräusche verursachen, z.B. ein Glöckchen, ein Cocktailshaker oder eine Rassel, eine Fahrradklingel, eine sprechende Puppe, ein quietschendes Spielzeug oder ein Klicker
- ♣ Eine kleine Decke

Lerneffekt
- ♣ Ursache und Wirkung
- ♣ Hörfähigkeiten
- ♣ Problemlösung

Anleitung
1. Legen Sie drei bis fünf Gegenstände in einer Reihe auf den Boden.
2. Bedecken Sie die Gegenstände mit einer kleinen Decke, so dass Ihr Baby sie nicht sehen kann.
3. Setzen Sie Ihr Baby auf den Boden neben die Decke.
4. Nehmen Sie die Decke weg und machen Sie nacheinander Geräusche mit den Gegenständen.
5. Bedecken Sie die Gegenstände wieder mit der Decke.
6. Heben Sie die Decke auf Ihrer Seite an und machen Sie darunter mit einem der Gegenstände Geräusche.
7. Nehmen Sie die Decke wieder von den Gegenständen herunter, damit Ihr Baby auf den Gegenstand deuten kann, der die Geräusche gemacht hat. Wenn Ihr Baby sich nicht sicher ist, können Sie nacheinander noch einmal alle Gegenstände zum Klingen bringen. Loben Sie Ihr Baby, wenn es erkennt, welcher Gegenstand der Richtige ist.
8. Bedecken Sie die Gegenstände wieder mit der Decke und spielen Sie noch einmal.

🪁 Variation
Nehmen Sie die Decke weg, drehen Sie sich um und lassen Sie Ihr Baby einen der Gegenstände zum Klingen bringen. Drehen Sie sich wieder um und raten Sie, welcher Gegenstand es war.

✐ **Sicherheitstipps**

Verwenden Sie keine Gegenstände, die zu laute Geräusche machen, damit sich Ihr Baby nicht erschreckt.

MUSIK-MAESTRO

Sobald sich Ihr Baby frei im Haus bewegt, können Sie diese Erfahrung noch spaßiger gestalten, indem Sie die Bewegungen Ihres Babys musikalisch werden lassen! Machen Sie Ihr Baby mit einem bisschen kreativen Nähen und ein paar Glöckchen zu einem „Musik-Maestro".

Materialien

- Ein Gummiband, ca. 0,5 m lang und 1,5 cm breit
- 10 silberne oder bunte Glöckchen
- Nadel und Faden

Lerneffekt

- Ursache und Wirkung
- Entwicklung der Grob- und Feinmotorik
- Hörfähigkeiten

Anleitung

1. Wickeln Sie das Gummiband locker um die Hand- und Fußgelenke und markieren Sie, wo sich die Enden überlappen.
2. Schneiden Sie das Gummiband auf die entsprechenden Längen zu und nähen Sie die Enden zusammen.
3. Nähen Sie an jedes Gummiband zwei Glöckchen, eines auf jede Seite.
4. Ziehen Sie Ihrem Baby die Gummibänder mit den Glöckchen über Hand- und Fußgelenke.
5. Wackeln Sie mit den Armen und Beinen Ihres Babys, damit die Glöckchen klingeln.
6. Ermuntern Sie Ihr Baby, herumzulaufen und seine Arme und Beinchen zu schütteln, damit die Glöckchen weiter klingeln.

🔑 Variation

Machen Sie sich selbst auch ein paar Glöckchen-Bänder und veranstalten Sie gemeinsam mit Ihrem Baby eine Parade. Machen Sie auch ein Glöckchen-Band für die Taille Ihres Babys.

🖉 Sicherheitstipps

Achten Sie darauf, die Glöckchen fest anzunähen, damit Ihr Baby sie nicht verschlucken kann.

PAPIER-SPIELE

Es gibt so viele wundervolle Dinge, die Ihr Baby entdecken kann, dass man manchmal das allzu Offensichtliche übersieht. Ein einfaches Blatt Papier bietet Ihrem Baby faszinierende Möglichkeiten zum Entdecken und Experimentieren.

Materialien
- Verschiedene Papiersorten, z.B. Durchschlagpapier, fester Karton, Wachspapier, Folie, Reispapier, buntes Papier, Geschenkpapier, usw.
- Platz

Lerneffekt
- Kognitive Fähigkeiten
- Sensorisches Erforschen
- Entwicklung der Feinmotorik

Anleitung
1. Breiten Sie eine Auswahl an verschiedenen Papiersorten auf dem Boden aus.
2. Setzen Sie Ihr Baby auf den Boden zu dem Papierhaufen.
3. Geben Sie Ihrem Baby immer nur jeweils ein Blatt Papier und lassen Sie es damit spielen und es erforschen.
4. Wenn Ihr Baby alle Papierblätter untersucht hat, können Sie ihm zeigen, wie es damit experimentieren kann, z.B. zerreißen, zu einem Ball zerknüllen, es durch die Luft segeln lassen, falten, usw.

✏ Variation
Schneiden Sie verschiedene Formen aus dem Papier und legen Sie sie zu Bildern zusammen.

✏ Sicherheitstipps
Bleiben Sie bei Ihrem Baby, wenn es mit dem Papier spielt, für den Fall, dass es das Papier essen will.

SEIFENBLASEN-JÄGER

Gerade, wenn ihr Baby zu wissen glaubt, wie die Welt funktioniert, können Sie es mit diesem Spiel noch einmal ganz neu verblüffen. Aber keine Sorge – Ihr Baby wird schnell verstehen, was da gerade passiert und eine Menge Spaß haben!

Materialien
- ♣ Eine Flasche Seifenblasen
- ♣ Platz

Lerneffekt
- ♣ Ursache und Wirkung
- ♣ Entdecken
- ♣ Entwicklung der Feinmotorik

Anleitung
1. Platzieren Sie Ihr Baby in die Mitte eines Raumes, in dem es sich frei bewegen kann.
2. Pusten Sie Seifenblasen in Richtung Ihres Babys (Sie können sich Ihre Seifenblasen auch selbst herstellen, indem Sie das obere Ende eines Pfeifenreinigers zu einem Kreis eindrehen, den Sie in eine Seifenlösung tauchen).
3. Demonstrieren Sie, wie man die Seifenblasen jagen und zerplatzen lassen kann. Ermuntern Sie Ihr Baby, es Ihnen nachzumachen.

Bemerkung
Einige Babys werden sehr aufgeregt während dieses Spiels und versuchen, die Seifenblasen schon zerplatzen zu lassen, bevor Sie sie überhaupt gepustet haben. Dies ist eine gute Möglichkeit, Ihrem Baby Geduld beizubringen, indem Sie es etwas warten lassen, bis Sie die Seifenblase pusten.

🔧 Variation
Zeigen Sie Ihrem Baby, wie es seine eigenen Seifenblasen pusten kann: Halten Sie den Taucher vor die Lippen Ihres Babys und demonstrieren Sie, wie man vorsichtig pustet. Wenn Ihr Baby Probleme mit dem Pusten hat, können Sie ihm auch zeigen, wie man den Taucher durch die Luft schwenken kann, damit Seifenblasen entstehen.

✐ Sicherheitstipps
Lassen Sie Ihr Baby nicht von der Seifenlösung trinken.

SOCKENBALL

Machen Sie Ihr Baby mit einer Runde „Sockenball" bereit für die NBA. Sockenbälle sind ideal für kleine Athleten, da sie schön weich, leicht zu greifen und immer zur Hand – oder Fuß – sind!

Materialien
- Große, saubere Socken, so viele Sie für dieses Spiel entbehren können
- Ein großer Eimer oder eine große Schüssel

Lerneffekt
- Augen-Hand-Koordination
- Soziale Kompetenzen
- Entwicklung der Fein- und Grobmotorik

Anleitung
1. Sammeln Sie einige saubere Socken ein und rollen Sie sie zu Bällen ein.
2. Stellen Sie einen Eimer (oder eine Schüssel) in die Mitte des Raumes.
3. Legen Sie die Bälle in den Eimer.
4. Setzen Sie Ihr Baby 30-50 cm vom Eimer entfernt auf den Boden, oder lassen Sie es stehen. Setzen Sie sich neben den Eimer. Rollen Sie Ihrem Baby die Bälle zu. Zeigen Sie Ihrem Baby, wie es die Bälle in den Eimer werfen kann. Wenn Ihr Baby nicht so gut zielen kann, darf es auch näher an den Eimer herankommen. Demonstrieren Sie, wie es die Bälle in den Eimer fallen lassen kann. Jubeln Sie nach jedem erfolgreichen Wurf.

✎ Variation
Lassen Sie Ihr Baby die Bälle auf Sie anstatt in den Eimer werfen!

✐ Sicherheitstipps
Wenn Sie das Spiel mit echten Bällen spielen, sollten Sie darauf achten, dass diese weich und griffig genug sind.

EIN-MANN-ORCHESTER

Ihr Baby mag es, neue Klänge zu entdecken und erst recht, selbst welche zu produzieren. Mit diesem Spiel kann es seine erste Band gründen – und es spielt alle Instrumente selbst!

Materialien

- ♣ Geräuschverursachende Küchenutensilien: Töpfe aus Aluminium oder Blech, Pfannen, Plastikschüsseln, Holzlöffel, Backpinsel, Rührbesen, leere Cornflakes-Schachteln, leere Dosen oder Einmachgläser, Löffel, leere Plastikbecher
- ♣ Der Küchenboden

Lerneffekt

- ♣ Ursache und Wirkung
- ♣ Entwicklung der Fein- und Grobmotorik
- ♣ Hörfähigkeiten
- ♣ Rhythmus und Bewegung

Anleitung

1. Sammeln Sie geräuschverursachende Küchenutensilien zusammen und platzieren Sie sie auf dem Küchenboden.
2. Setzen Sie Ihr Baby dazu und lassen Sie es die Utensilien erforschen.
3. Zeigen Sie Ihrem Baby, wie es mit den Utensilien verschiedene Geräusche erzeugen kann: Trommeln, klopfen, schlagen, klappern, rollen, usw.
4. Wenn Ihr Baby ein wenig Spaß mit dem Produzieren von Klängen und Lauten hatte, können Sie ihm beibringen, wie man den Rhythmus hält.

☞ Variation

Besorgen Sie Ihrem Baby Spielzeuginstrumente, z.B. ein kleines Piano, Schlagzeug, eine kleine Gitarre, Mundharmonika, Triangel, Glöckchen, usw.

✐ Sicherheitstipps

Achten Sie darauf, dass die Küchenutensilien keine scharfen Kanten oder spitze Ecken haben.

ÜBERRASCHUNG AN DER SCHNUR

Dieses Spiel hat zwei Zwecke – es beschäftigt Ihr Baby, wenn Sie etwas zu tun haben, und es hat einen lehrreichen Effekt mit einen Überraschungsmoment, der Ihr Baby für eine lange Zeit faszinieren wird!

Materialien

- ♣ Vier kleine Spielsachen
- ♣ Vier Stücke Schnur, Geschenkband oder Seil, je ca. einen Meter lang
- ♣ Starkes Klebeband
- ♣ Hochstuhl mit Tablett

Lerneffekt

- ♣ Ursache und Wirkung
- ♣ Steigerung der Aufmerksamkeitsspanne
- ♣ Problemlösung
- ♣ Selbsthilfe

Anleitung

1. Binden Sie die Schnüre an die kleinen Spielsachen.
2. Befestigen Sie das freie Ende der Schnüre an vier verschiedenen Punkten mit Klebeband am Tablett des Hochstuhls.
3. Setzen Sie Ihr Baby in den Hochstuhl.
4. Lassen Sie Ihr Baby die Schnüre etwas erforschen, bevor Sie ihm zeigen, was es damit machen soll.
5. Wenn Ihr Baby die Schnüre nach ein paar Minuten noch nicht zu sich gezogen hat, können Sie demonstrieren, was es machen soll. Jubeln Sie überrascht, wenn das Spielzeug hinter dem Tablett hervorkommt.
6. Wenn Ihr Baby alle vier Spielsachen hochgezogen hat, können Sie sie wieder vom Tablett schubsen und Ihr Baby noch einmal spielen lassen.

🪀 Variation

Anstelle der Spielsachen können Sie auch einen Snack an die Schnur binden, z.B. einen Keks, und lassen Ihr Baby den Snack essen, wenn es ihn auf das Tablett gezogen hat.

🖉 Sicherheitstipps

Bleiben Sie immer in der Nähe Ihres Babys, falls es sich in den Schnüren verheddert.

SPRICH MIT DER HAND!

Sie haben bestimmt schon einmal den bekannten Ausspruch „Sprich mit der Hand!" gehört. Nehmen Sie diese Aufforderung wörtlich und erweitern Sie so den Wortschatz Ihres angehenden kleinen Erzählers. Sprechen macht viel mehr Spaß, wenn man eine lustige Hand als Gesprächspartner hat!

Materialien

- ♣ Zwei saubere, weiße Babysöckchen
- ♣ Zwei saubere, weiße Socken
- ♣ Filzstifte in verschiedenen Farben
- ♣ Wackelaugen, Wollgarn, Fellreste und andere Dinge zum Dekorieren
- ♣ Eine Heißklebepistole oder Nadel und Faden
- ♣ Ein Hochstuhl oder der Fußboden

Lerneffekt

- ♣ Entwicklung der Feinmotorik
- ♣ Sprachentwicklung
- ♣ Soziale Interaktion

Anleitung

1. Verwenden Sie bunte Filzstifte, um die Socken mit lustigen Gesichtern zu bemalen, z.B. als Monster, Tiere o. Ä. Die Ferse können Sie als Mund- und die Zehenpartie als Nasenbereich nutzen. Platzieren Sie die Augen oberhalb der Zehenpartie.
2. Für einen 3D-Effekt können Sie ein paar Wackelaugen, eine Zunge und einen Mund aus Fell, Haare aus Wollgarn und andere Details aufkleben oder -nähen.
3. Setzen Sie Ihr Baby in den Hochstuhl oder auf den Boden.
4. Ziehen Sie sich und Ihrem Baby die Socken über die Hände.
5. Lassen Sie Ihre Handpuppen ein Gespräch in einfachen Sätzen führen. Bauen Sie auch neue Wörter ein.

♪ Variation

Setzen Sie Ihr Baby in seinen Hochstuhl und führen Sie eine Handpuppen-Show vor.

⟋ Sicherheitstipps

Nähen oder kleben Sie alle Details gut an, damit sie sich nicht ablösen und Ihr Baby sie in den Mund nehmen und sich daran verschlucken kann.

SPRACHROHR-SPASS

Die Sprachfähigkeiten Ihres Babys nehmen in dieser Zeit erheblich zu, von einem einzelnen Wort mit zwölf Monaten zu fast fünfzig mit achtzehn Monaten. Haben Sie viel Spaß beim Sprechen und Vokalisieren mit einer Runde „Sprachrohr-Spaß".

Materialien

- ♀ Zwei leere Küchentuch-, Folien- oder Toilettenpapierroller
- ♀ Ungiftige Filzstifte in verschiedenen Farben
- ♀ Ihre Stimmen

Lerneffekt

- ♀ Artikulation und Verbesserung der Sprachfähigkeit
- ♀ Sprachentwicklung
- ♀ Hörfähigkeiten

Anleitung

1. Bemalen Sie die Rollen mit ungiftigen Filzstiften, um sie schöner und bunter zu machen. Lassen Sie sich dabei von Ihrem Baby helfen.
2. Halten Sie sich eine Rolle an den Mund und sprechen Sie mit Ihrem Baby. Der Klang Ihrer Stimme sollte sich verstärkt anhören.
3. Geben Sie die andere Rolle Ihrem Baby, damit es Sie nachahmen kann. Halten Sie die Rolle gegen den Mund Ihres Babys, wenn es am Anfang Hilfe braucht. Ermuntern Sie Ihr Baby, in die Rolle zu sprechen.
4. Machen Sie verschiedene Laute und Geräusche durch die Rolle und lassen Sie Ihr Baby das Gleiche machen.

🪀 Variation

Basteln Sie sich ein Megafon, indem Sie ein Stück Pappe zu einem Kegel eindrehen und festkleben. Sprechen Sie in das schmale Ende und in verschiedene Rollen und Zylinder, um unterschiedliche Geräusche zu erzeugen.

🔗 Sicherheitstipps

Verwenden Sie nur ungiftige Filzstifte, da Ihr Baby sich die Rollen an den Mund halten wird. Achten Sie darauf, dass die Ränder der Rollen nicht scharf sind, damit sich Ihr Baby nicht daran schneiden kann.

LEITER-LAUF

Irgendwann in dieser Phase wird Ihr Baby lernen zu laufen. Um diese neue Fähigkeit zu trainieren können Sie „Leiter-Lauf" spielen. Ihr Baby wird viel Spaß dabei haben, diese Herausforderung zu meistern.

Materialien
- ♣ Eine Holzleiter
- ♣ Viel Platz

Lerneffekt
- ♣ Koordination und Balance
- ♣ Entwicklung der Grobmotorik
- ♣ Problemlösung
- ♣ Visuelle Erschließung und Tiefenwahrnehmung

Anleitung
1. Machen Sie eine große Fläche auf dem Boden frei.
2. Legen Sie eine Holzleiter auf den Boden.
3. Platzieren Sie Ihr Baby an einem Ende der Leiter und laufen Sie über die Leiter zur anderen Seite. Treten Sie dabei langsam in die Bereiche zwischen den Sprossen.
4. Drehen Sie sich um, wenn Sie die andere Seite erreicht haben und rufen Sie Ihr Baby beim Namen. Ermuntern Sie es, über die Leiter zu Ihnen zu laufen. Lenken Sie Ihr Baby nicht ab, wenn es über die Leiter zu Ihnen läuft. Es muss sich auf das Laufen konzentrieren.
5. Bejubeln Sie Ihr Baby, wenn es den Weg über die Leiter bis zu Ihnen geschafft hat und spielen Sie noch einmal.

🖋 Variation
Legen Sie ein paar Spielsachen zwischen die Sprossen der Leiter, die Ihr Baby aufsammeln kann, sobald es die Leiter geübt überqueren kann.

✎ Sicherheitstipps
Benutzen Sie keine Leiter mit scharfen Kanten aus Metall – eine Leiter aus Holz ist die bessere Wahl.

WACKEL-WÜRMER

Wackelpeter-Würmer sind eine tolle Möglichkeit, um mit dem alten Sprichwort „Spiel nicht mit Deinem Essen!" zu brechen. Warum sollte Ihr Baby keinen Spaß mit seinem Essen und seinen Snacks haben? Essen sollte auch Spaß machen – es anzufassen, zu greifen und zu schmecken!

Materialien
- Ein Paket Wackelpudding
- Ein Hochstuhl mit Tablett

Lerneffekt
- Kognitive Fähigkeiten
- Entdecken
- Entwicklung der Feinmotorik
- Selbsthilfe – Essen

Anleitung
1. Bereiten Sie den Wackelpudding nach Packungsangabe für eine festere Konsistenz zu.
2. Gießen Sie den Wackelpudding zum Abkühlen in eine rechteckige oder quadratische Form.
3. Schneiden Sie den festen Wackelpudding in lange, schmale Stücke, die Würmern ähneln.
4. Setzen Sie Ihr Baby in den Hochstuhl und befestigen Sie das Tablett.
5. Geben Sie die Wackel-Würmer auf das Tablett des Hochstuhls.
6. Lassen Sie Ihr Baby die Würmer mit den Fingern und dem Mund erforschen!

🖌 Variation
Geben Sie kleine Früchte oder Gummibonbons in den noch flüssigen Wackelpudding, damit es noch lustiger wird.

🖊 Sicherheitstipps
Achten Sie darauf, dass das Tablett sauber ist, da Ihr Baby direkt davon essen wird. Wenn Sie Ergänzungen in den Wackelpudding geben, sollten Sie darauf achten, dass sich Ihr Baby daran nicht verschlucken kann.

Achtzehn bis vierundzwanzig Monate

Wenn Ihr Baby zum Kleinkind wird, werden Sie verschiedene physische, kognitive, soziale und emotionale Veränderungen bemerken. Neue psychosoziale Fähigkeiten werden Ihr Kind unabhängiger werden lassen und seine Selbstwahrnehmung stärken.

Auch physisch verändert sich Ihr Kind. Es verliert seinen Baby-Bauch, seine Beine werden länger und bauen mehr Muskeln auf, und seine kleinen, dicken Fingerchen werden dünner und geschickter, so dass Ihr Kind richtige Zeichnungen macht, anstatt nur Kleckse. Ihr Kind kann rennen, rückwärts laufen, hüpfen, klettern und ein Dreirad fahren.

Das Denken Ihres Kindes wird logischer und es beginnt zu verstehen, wie die Dinge funktionieren. Es kann die Dinge, die es lernt, in Gruppen klassifizieren, was zu einem höheren Denk-Niveau führt. Da Ihr Kind nun versteht, dass nicht alle vierbeinigen Tiere Hunde sind und nicht alle Männer Väter, wird sich seine kognitive Welt ausweiten und es wird fähig, noch mehr zu lernen.

Die Selbstwahrnehmung Ihres Kindes nimmt nun enorm zu und es kann sich selbst, seine Spielsachen, seine geliebten Menschen und andere Dinge, die es mag, erkennen. Es wird sogar mehr an seinem äußeren Erscheinungsbild interessiert sein und sich seine Kleidung selbst aussuchen wollen.

Ihr Kind liebt es in diesem Alter, Freunde zu haben. Und auch wenn sie sich sehr oft zanken, vertragen sie sich doch auch genauso schnell wieder. Ihr Kind wird auch stetig besser darin, seine Spielsachen zu teilen, aber es wird noch einige Zeit vergehen, bevor es dieses Konzept in Gänze versteht.

Es wird immer einfacher für Ihr Kind, seine Emotionen zu kontrollieren und mittlerweile sollte es auch angefangen haben, seine Bedürfnisse mit Worten auszudrücken. Die Bandbreite seiner Emotionen wächst stetig und es beginnt, sozial zu referenzieren, also sich in einer es verunsichernden Situation bei Erwachsenen an deren emotionalen Körpersprache zu orientieren.

Ihr Kind wird immer mehr zu einem Kleinkind und es ist an der Zeit, die Spiele auf das nächste Level zu bringen.

TIERGANG

Dr. Dolittle singt ein Lied mit dem Namen „Talk to the Animals". Aber Ihr Kind kann, mit ein wenig Unterstützung von Ihnen, auch wie die Tiere laufen. Alles, was Sie brauchen, ist ein wenig Phantasie und Kreativität!

Materialien

- ♣ Bilder von Tieren
- ♣ Marschmusik
- ♣ Platz

Lerneffekt
- ♣ Kreativität und Vorstellungskraft
- ♣ Entwicklung der Grobmotorik
- ♣ Identifikation und Klassifizierung

Anleitung
1. Suchen Sie ein paar Bilder von Tieren aus, die einen markanten Gang haben, z.B. ein Elefant (schwanken), eine Katze (auf Zehenspitzen), ein Hund (rennen), eine Schlange (schlängeln), ein Kranich (hohe große Schritte), eine Ente (watscheln), eine Maus (hasten), eine Spinne (mit allen Armen und Beinen), usw.
2. Legen Sie eine inspirierende Marschmusik auf.
3. Stellen Sie sich in die Mitte des Raumes und zeigen Sie Ihrem Kind das erste Tierbild.
4. Fangen Sie an, wie dieses Tier zu gehen, setzen Sie Ihren Körper dabei kreativ ein.
5. Ermuntern Sie Ihr Kind, Ihnen zu folgen.
6. Suchen Sie nach ein paar Minuten ein anderes Tierbild aus und ändern Sie die Gangart.

✎ Variation
Bevor Sie es Ihrem Kind vormachen, lassen Sie es sich selbst einen Tiergang ausdenken. Oder laufen Sie vor und wechseln Sie alle paar Schritte die Gangart, während Ihr Kind versucht, Ihnen zu folgen.

✐ Sicherheitstipps
Achten Sie darauf, dass keine Hindernisse im Weg sind, über die Ihr Kind stolpern könnte.

MINI-BASKETBALL

Ballspiele helfen bei der Entwicklung der Augen-Hand-Koordination und der grobmotorischen Fähigkeiten bei Babys und auch Kleinkindern und geben das befriedigende Gefühl, etwas geschafft zu haben. Spielen Sie eine Runde Basketball mit Ihrem Kind und wer weiß, wohin dieses Training noch führt?!

Materialien
- ♗ Ein großer, leichter Plastik- oder Schaumball, ca. 30 cm Durchmesser
- ♗ Ein Korb oder eine Box, groß genug für den Ball
- ♗ Platz

Lerneffekt
- ♗ Augen-Hand-Koordination
- ♗ Entwicklung der Grobmotorik
- ♗ Soziale Interaktion

Anleitung
1. Stellen Sie den Korb oder die Box gegen eine Wand innerhalb oder außerhalb des Hauses.
2. Stellen Sie Ihr Kind ca. 30 cm vor den Korb und geben Sie ihm den Ball.
3. Ermuntern Sie Ihr Kind, den Ball in den Korb zu werfen.
4. Wenn dies zu einfach ist, soll Ihr Kind einen oder zwei Schritte weiter nach hinten gehen. Wenn es zu schwierig sein sollte, kann es auch näher an den Korb herangehen.

✎ Variation
Kippen Sie den Korb ein bisschen. So ist es einfacher, ihn zu treffen. Markieren Sie mit einem Stück Schnur oder Klebeband, wo sich Ihr Kind positionieren soll.

✐ Sicherheitstipps
Achten Sie darauf, dass nichts Zerbrechliches in der Nähe steht, wenn Sie im Haus spielen.

 18-24 Monate

VERGRABENER SCHATZ

In dieser Version vom Versteck-Spiel ist das, was versteckt ist, keine Person, sondern ein Schatz und der Pirat gibt Hinweise, wo dieser versteckt ist. Aber der Schatz sollte auch wirklich für die Suche entlohnen!

Materialien

- ♣ Ein kleines Spielzeug oder eine Leckerei
- ♣ Ein Raum, in dem man das Spielzeug oder die Leckerei gut verstecken kann

Lerneffekt

- ♣ Kognitive Entwicklung und Denkvermögen
- ♣ Sprachentwicklung
- ♣ Objektpermanenz
- ♣ Problemlösung

Anleitung

1. Suchen Sie ein Spielzeug oder eine Leckerei aus, so dass Ihr Kind für die Suche gebührend belohnt wird.
2. Verstecken Sie den Schatz so, dass es weder besonders schwer, noch besonders leicht ist, ihn zu finden.
3. Bringen Sie Ihr Kind in den Raum und sagen Sie ihm, dass Sie einen Schatz versteckt haben.
4. Geben Sie Ihrem Kind bei der Suche Hinweise, z.B.: „Du bist schon nah dran" oder „Jetzt bist Du wieder weiter entfernt vom Schatz".
5. Wenn Ihr Kind den Schatz gefunden hat, können Sie ihn immer wieder verstecken, bis Ihr Kind keine Lust mehr hat. Oder verstecken Sie jedes Mal einen anderen Schatz, um das Interesse zu halten.

🪀 Variation

Tauschen Sie die Rollen und lassen Sie Ihr Kind der Pirat sein und für Sie einen Schatz verstecken. Finden Sie den Schatz aber nicht zu schnell!

🔗 Sicherheitstipps

Achten Sie darauf, dass der Raum sicher für Ihr Kind ist und es sich an nichts verletzen und nichts zerbrechen kann.

KEKS-BÄCKER

Die Küche bietet sehr viele Möglichkeiten, Ihrem Kind eine Reihe von Dingen beizubringen – von der Sprachentwicklung über motorische bis hin zu kognitiven Fähigkeiten. Lassen Sie Ihr Kind dabei helfen, seine ersten Kekse zu backen!

Materialien

- Keksteig aus dem Kühlregal oder selbst vorbereitet
- Ein Nudelholz
- Mehl
- Keks-Ausstechformen
- Backpapier und Backblech
- Bunte Streusel
- Ein Ofen

Lerneffekt

- Kognitive Fähigkeiten
- Entwicklung der Feinmotorik
- Sprachentwicklung

Anleitung

1. Rollen Sie den Keksteig mit dem Nudelholz auf einer leicht bemehlten Fläche aus. Lassen Sie Ihr Kind den Teig auch ein bisschen ausrollen.
2. Geben Sie Ihrem Kind Keks-Ausstechformen und zeigen Sie ihm, wie man sie in den Teig presst.
3. Legen Sie die ausgestochenen Kekse auf ein mit Backpapier ausgelegtes Backblech.
4. Lassen Sie Ihr Kind die Kekse mit bunten Streuseln bestreuen.
5. Backen Sie die Kekse nach Packungsanleitung. Nehmen Sie sie nach dem Backen aus dem Ofen und lassen Sie sie abkühlen.
6. Essen Sie die Kekse gemeinsam zu einem Glas Milch.

✐ Variation

Lassen Sie Ihr Kind die Kekse vor dem Essen mit etwas Glasur dekorieren.

✐ Sicherheitstipps

Achten Sie in der Küche gut auf Ihr Kind, damit es sich nicht mit etwas schneidet, sich verbrennt oder sticht.

KRABBEL-JAGD

Immer mal wieder wird Ihr Kind in bereits überholte Entwicklungsphasen zurück-fallen: Auch wenn es bereits laufen kann, wird es zeitweise doch wieder die sicherere Fortbewegungsart des Krabbelns vorziehen. Gehen Sie dann auf Ihre Hände und Knie und werden Sie zum krabbelnden Verfolger!

Materialien
- ♟ Kissen, Polster, Stofftiere, Decken und andere weiche Hindernisse
- ♟ Platz

Lerneffekt

- ♟ Umgang mit Angst und Aufregung
- ♟ Entwicklung der Grobmotorik
- ♟ Problemlösung
- ♟ Soziale Interaktion

Anleitung
1. Bedecken Sie einen großen, freien Bodenbereich mit weichen Hindernis-sen, um Ihren Krabbler herauszufordern.
2. Platzieren Sie Ihr Kind auf Händen und Knien auf der gegenüberliegenden Seite des Raums.
3. Gehen Sie hinter Ihrem Kind ebenfalls auf Hände und Knie.
4. Sagen Sie: „Hier kommt der krabbelnde Verfolger", und verfolgen Sie Ihr Kind krabbelnd auf Händen und Knien.
5. Ermutigen Sie Ihr Kind, vor Ihnen davon zu krabbeln.
6. Verfolgen Sie Ihr Kind weiter und beobachten Sie, wie es sich um die Hin-dernisse manövriert, um vor Ihnen zu flüchten.
7. Wenn Ihr Kind keine Lust mehr hat, können Sie die Rollen tauschen und Sie sich von Ihrem Kind jagen lassen.

Variation

Errichten Sie einen „Schutzbereich" für Ihr Kind, z.B. eine Decke, wo es sicher vor dem krabbelnden Verfolger ist. Wenn Ihr Kind sich in dem Schutzbereich befindet, sollten Sie sich zurückziehen, damit es sich von dort aus auch wieder wegbewegen kann. Dann können Sie die Verfolgung wieder aufnehmen.

Sicherheitstipps

Seien Sie nicht zu angsteinflößend und unheimlich, sonst bekommt Ihr Kind Angst und wird an dem Spiel keinen Spaß haben.

KINDER-DISCO

Ihr Kind hat den Rhythmus im Blut. Sie müssen nur die Musik aufdrehen und es wird zu tanzen beginnen. Gesellen Sie sich auf die Tanzfläche zu Ihrem Kind und tanzen Sie gemeinsam!

Materialien
- CD- oder MP3-Player
- Tanzbare Musik
- Platz zum Tanzen

Lerneffekt
- Koordination und Balance
- Hörfähigkeiten
- Motorische Bewegung
- Soziale Interaktion

Anleitung
1. Suchen Sie eine Mischung aus tanzbarer Musik aus, z.B. Kinderlieder, Rock and Roll, Hip-Hop oder Musicals.
2. Bringen Sie Ihr Kind in die Mitte des Raumes auf die „Tanzfläche" und schalten Sie die Musik an. Lassen Sie Ihr Kind tanzen, wie es gerne möchte.
3. Wechseln Sie die Musik und beobachten Sie, wie sich die Bewegungen Ihres Kindes der neuen Musik anpassen.
4. Wenn Sie ein paar Minuten getanzt haben, können Sie ein Spiel beginnen: Erklären Sie Ihrem Kind, dass, jeder in der Position innehalten muss und „eingefroren" ist, in der er gerade ist wenn Sie die Musik ausschalten. Schalten Sie die Musik an und tanzen Sie gemeinsam. Schalten Sie die Musik zwischendurch unvorhergesehen aus und lachen Sie über die lustigen Positionen.
5. Tanzen Sie weiter zu verschiedener Musik. Denken Sie sich auch Tänze mit Ihrem Kind aus.

✎ Variation
Klatschen oder stampfen Sie zu der Musik, um den Rhythmus zu halten. Singen Sie mit und nehmen Sie sich auf Video auf. Zeigen Sie das Video Ihrem Kind im Anschluss.

✐ Sicherheitstipps
Der Boden sollte nicht zu glatt sein, damit Ihr Kind nicht ausrutscht und hinfällt. Vielleicht sollten Sie Ihr Kind lieber barfuß tanzen lassen, so hat es besseren Halt.

KLEINER STYLIST

Ihr Kind erkennt den Unterschied zwischen Männern und Frauen, Jungen und Mädchen meistens anhand der Kleidung. Mit diesem Spiel hat Ihr Kind die Gelegenheit, Papa anzuziehen und dabei noch etwas darüber zu lernen, Kleidung richtig zu ordnen.

Materialien
- ♣ Verschiedene saubere Kleidungsstücke, inklusive eines kompletten Outfits für den Vater
- ♣ Platz

Lerneffekt
- ♣ Klassifizierung und Sortierung
- ♣ Entwicklung der Feinmotorik
- ♣ Geschlechterunterschiede
- ♣ Reihenfolge

Anleitung
1. Legen Sie die ausgewählten Kleidungsstücke auf dem Bett oder dem Boden aus.
2. Sagen Sie Ihrem Kind, dass Sie Papa einkleiden möchten und Hilfe dabei brauchen. Lassen Sie Ihr Kind das erste Kleidungsstück aussuchen. Ermuntern Sie Ihr Kind, ein Kleidungsstück auszusuchen, welches er sich als erstes anziehen würde, z.B. eine Boxershorts, Socken oder ein Unterhemd.
3. Lassen Sie Ihr Kind auch die restlichen Kleidungsstücke für den Vater heraussuchen und legen Sie sie in der Reihenfolge auf dem Boden aus, in der sie angezogen werden.
4. Halten Sie Ordnung bei der Reihenfolge der Kleidungsstücke. Legen Sie das Unterhemd unter das Oberhemd und das Oberhemd oberhalb der Hose. Korrigieren Sie die Reihenfolge, wenn nötig.
5. Spielen Sie noch einmal, wenn das Outfit für Papa fertig ist. Diesmal können Sie gemeinsam Mamas Outfit herauslegen.

🪀 Variation
Wenn Sie eine große Puppe haben, kann Ihr Kind auch diese mit Babykleidung einkleiden.

🔗 Sicherheitstipps
Achten Sie auf lose Knöpfe, Reißverschlüsse und spitze Pins, an denen sich Ihr Kind verletzen könnte.

EISWÜRFEL-ÜBERRASCHUNG

In seiner Entwicklung hat Ihr Kind besonders viel Spaß an dem Element Wasser – in einer Schüssel, aus einem Schlauch oder in einer Badewanne.

Materialien
- Ein Eiswürfelbehälter
- Kleine Plastikfiguren
- Ein Gefrierfach
- Eine Badewanne

Lerneffekt
- Ursache und Wirkung
- Erforschen
- Motorische Entwicklung

Anleitung
1. Legen Sie kleine Plastikfiguren in die Schälchen des Eiswürfelbehälters.
2. Füllen Sie den Eiswürfelbehälter mit Wasser und frieren Sie es ein.
3. Füllen Sie eine Badewanne mit warmem Wasser.
4. Setzen Sie Ihr Kind in die Badewanne.
5. Geben Sie die Eiswürfel in das Badewasser.
6. Lassen Sie Ihr Kind mit den Eiswürfeln spielen, die erforschen und herausfinden, was passiert, wenn die Eiswürfel schmelzen.

✎ Variation
Verwenden Sie leere Milchkartons, um darin größere Plastikfiguren in Wasser einzufrieren. Färben Sie die Eiswürfel für noch mehr Spaß mit Lebensmittelfarbe.

⬭ Sicherheitstipps
Halten Sie das Wasser warm genug für Ihr Kind. Sie werden warmes Wasser nachlaufen lassen müssen, da die schmelzenden Eiswürfel die Wassertemperatur senken werden. Lassen Sie Ihr Kind niemals unbeaufsichtigt in der Badewanne und achten Sie darauf, dass es sich nicht an den Eiswürfeln verschluckt.

GEISTERFINGER

Was ist dieses unheimliche Ding an Deiner Hand? Es ist ein Geisterfinger! Er ist gekommen, um Ihr Kind mit Fingerspielen und Konversationen zu unterhalten. Und Sie müssen noch nicht einmal bis Halloween warten, um dieses Spiel zu spielen!

Materialien

- ♣ Ein weißes Tuch oder Papiertaschentuch
- ♣ Ein Gummiband oder ein Faden
- ♣ Ein Filzstift
- ♣ Ihr Finger

Lerneffekt
- ♣ Kreativität und Vorstellungskraft
- ♣ Entwicklung der Feinmotorik
- ♣ Soziale Interaktion

Anleitung
1. Legen Sie die Spitze Ihres Zeigefingers auf die Mitte eines weißen Tuchs.
2. Wickeln Sie das Tuch um Ihren Finger und darum ein Gummiband oder einen Faden.
3. Malen Sie mit einem Filzstift ein kleines Gesicht auf das Tuch.
4. Setzen Sie sich Ihr Kind auf den Schoß und zeigen Sie ihm den Geisterfinger.
5. Führen Sie eine Unterhaltung mit dem Geisterfinger und bewegen Sie ihn währenddessen, um die Aufmerksamkeit Ihres Kind zu erregen.
6. Spielen Sie „Ein kleiner weißer Geist", mit Ihrem Geisterfinger als Leadsänger:

„Ein kleiner weißer Geist"

Ein kleiner weißer Geist fliegt durch die Luft,

(Lassen Sie den Geisterfinger durch die Luft fliegen)

Ein kleiner weißer Geist fliegt durch die Luft, (Wiederholung)

Er flog so hoch, dass er fast den Himmel berührte,

(zeigen Sie mit dem Finger nach oben)

Aber er kam wieder herunter und sagte: „Auf Wiedersehen!"

(Bewegen Sie Ihren Finger runter und lassen Sie ihn verschwinden)

🔑 Variation
Verwandeln Sie den Finger Ihres Kindes auch in einen Geisterfinger!

🖊 Sicherheitstipps
Wickeln Sie das Gummiband oder den Faden nicht zu fest um den Finger Ihres Kindes.

MUFFIN-MIX

Wenn Ihr Kind ein wählerischer Esser ist – oder generell eine wählerische Person – wird dieses Spiel ein besonderer Spaß sein! Es ist auch geschmacklich ein Hit, denn Ihr Kind darf fast alle Bestandteile während des Spielens aufessen!

Materialien
- Ein Muffinblech
- 6 verschiedene Sorten Zerealien
- 6 Schüsseln

Lerneffekt
- Klassifizierung
- Erforschen des Geschmacks
- Entwicklung der Feinmotorik

Anleitung
1. Geben Sie jede Sorte Zerealien in eine eigene Schüssel.
2. Stellen Sie die Schüsseln in einer Reihe auf den Tisch.
3. Stellen Sie das Muffinblech hinter die Schüsseln mit den Zerealien, so dass Ihr Kind es leicht erreichen kann.
4. Geben Sie je ein Stück Zerealie in eine eigene Muffinform.
5. Lassen Sie Ihr Kind die Schüsseln mit den Zerealien denen in den Muffinformen zuordnen.
6. Jetzt kann Ihr Kind die Muffinformen mit den passenden Zerealien auffüllen.
7. Vergessen Sie nicht, Ihrem Kind zu sagen, dass es die Zerealien während des Spielens essen darf.

⚘ Variation
Um das Spiel etwas herausfordernder zu gestalten, können Sie die Zerealien aus den Schüsseln auf den Tisch schütten und vermengen. Lassen Sie Ihr Kind die Zerealien dann aussortieren und den jeweiligen Muffinformen zuordnen.

⌀ Sicherheitstipps
Passen Sie auf, dass sich Ihr Kind nicht verschluckt, wenn Sie etwas anderes als Zerealien verwenden.

REGENBOGEN-TEIG

Wenn die kurzen, stummelartigen Finger Ihres Kindes länger werden, kann es endlich alles damit machen, was es möchte. Lassen Sie Ihr Kind seine feinmotorischen Fähigkeiten trainieren, während es gleichzeitig kreativ ist!

Materialien

- 480 g Mehl
- 225 g Salz
- 360 ml Wasser
- Eine Schüssel
- Rote, blaue, gelbe und grüne Lebensmittelfarbe
- Backutensilien: Nudelholz, Keks-Ausstechformen, Plastikmesser, usw.

Lerneffekt

- Ursache und Wirkung
- Kreativität und Vorstellungskraft
- Entwicklung der Feinmotorik
- Sensorische Stimulation

Anleitung

1. Mischen Sie das Mehl, Salz und Wasser in einer Schüssel. Kneten Sie den Teig mit Ihren Händen, bis alles gut vermischt ist.
2. Teilen Sie den Teig in 4 Teile auf und färben Sie jeden Teil in einer anderen Farbe. Kneten Sie die Teige gut durch, damit sich die Farbe gleichmäßig verteilen kann. Formen Sie sie zu Bällchen.
3. Setzen Sie Ihr Kind an den Tisch und legen Sie die Teigbälle vor Ihr Kind auf den Tisch.
4. Bieten Sie Ihrem Kind verschiedene Utensilien an, z.B. Keks-Ausstechformen, ein Plastikmesser, Nudelholz, usw., mit denen es den Teig erforschen und bearbeiten kann.

✎ Variation

Wenn Ihr Kind etwas aus dem Teig geformt hat, können Sie es bei 250 °C für eine Stunde oder mehr im Backofen backen, bis es fest ist. Nehmen Sie es aus dem Ofen und lassen Sie es abkühlen. Dann können Sie Ihrem Kind das neue Spielzeug geben.

⊘ Sicherheitstipps

Lassen Sie Ihr Kind den Teig nicht essen.

AMPEL-SPIEL

Gerade, wenn Ihr Kind zu laufen beginnt, rufen Sie: „Rote Ampel!" und lassen es wieder anhalten. Aber das stört Ihr Kind nicht – denn Sie spielen ja das Ampelspiel! Und bei der grünen Ampel darf es ja auch endlich wieder loslaufen!

Materialien
- ⚘ Ein Seil oder Klebeband
- ⚘ Viel Platz

Lerneffekt
- ⚘ Balance und Koordination
- ⚘ Ursache und Wirkung
- ⚘ Entwicklung der Grobmotorik
- ⚘ Hörfähigkeiten

Anleitung
1. Platzieren Sie ein Stück Seil oder Klebeband an einem Ende des Raumes.
2. Platzieren Sie ein weiteres Stück Seil oder Klebeband am anderen Ende des Raumes.
3. Räumen Sie in dem Bereich dazwischen alle Hindernisse aus dem Weg.
4. Lassen Sie Ihr Kind sich an einer der beiden Seiten hinter der Linie aufstellen.
5. Stellen Sie sich auf der anderen Seite hinter die Linie.
6. Erklären Sie Ihrem Kind, dass es versuchen soll, bis zur anderen Seite und über die Linie zu gelangen, wenn Sie „Grüne Ampel" sagen. Aber wenn Sie „Rote Ampel" sagen, muss es sofort anhalten und darf sich nicht mehr bewegen.
7. Spielen Sie eine Testrunde, rufen Sie abwechselnd „Grüne Ampel" und „Rote Ampel", bis Ihr Kind bei Ihnen auf der anderen Seite angekommen ist. Korrigieren Sie Ihr Kind wenn nötig und erklären Sie die Regeln noch einmal.
8. Wenn die Testrunde erfolgreich war, können Sie sich auf Ihrer Seite umdrehen, so dass Sie Ihr Kind nicht mehr ansehen. Rufen Sie „Grüne Ampel"!
9. Rufen Sie „Rote Ampel!" und drehen Sie sich schnell um, um Ihr Kind zu „erwischen", wenn es sich bewegt.
10. Spielen Sie weiter, bis Ihr Kind die Linie auf Ihrer Seite überquert hat.
11. Lassen Sie Ihr Kind bei der nächsten Runde den Verkehrspolizisten spielen.

🪁 Variation

Spielen Sie das Spiel mit mehreren Kindern. Halten Sie entsprechend rote und grüne Schilder hoch, wenn Sie „Rote Ampel"oder „Grüne Ampel" rufen.

🔑 Sicherheitstipps

Räumen Sie alle Hindernisse aus dem Weg, damit Ihr Kind nicht stolpert.

FINDE DEN UNTERSCHIED!

Die kognitiven Fähigkeiten Ihres Kindes entwickeln sich in dieser Zeit sehr schnell. Es hat nun die rudimentären Fähigkeiten, Objekte nach Ähnlichkeiten oder Unterschieden zu klassifizieren. Dieses Spiel fördert diese Fähigkeit.

Materialien

- ♟ Spielsachen in Dreiergruppen, zwei davon identisch und eines unterschiedlich, z.B. Spielkarten, Stofftiere, Blöcke, Bilder, Puppen, usw.
- ♟ Ein Tisch

Lerneffekt

- ♟ Klassifizierung und Sortierung
- ♟ Erkennen von ähnlichen und unterschiedlichen Eigenschaften
- ♟ Steigerung der kognitiven Fähigkeiten

Anleitung

1. Sammeln Sie Spielsachen in Dreiergruppen. Jede Gruppe sollte zwei gleiche Spielzeuge und ein unterschiedliches beinhalten.
2. Geben Sie jede Gruppe in eine eigene Tüte oder Tasche.
3. Setzen Sie Ihr Kind an den Tisch und stellen Sie eine Tüte auf den Tisch.
4. Holen Sie die drei Spielzeuge aus der Tüte und legen Sie sie auf den Tisch.
5. Fragen Sie Ihr Kind, welcher der Gegenstände sich von den anderen unterscheidet. Lassen Sie Ihrem Kind Zeit zum Überlegen. Fragen Sie nach Eigenschaften der Gegenstände, um die Entscheidung zu vereinfachen, wenn es Schwierigkeiten hat.
6. Fahren Sie nacheinander mit den restlichen Tüten fort und lassen Sie Ihr Kind weiter raten, welcher der Gegenstände nicht zu den anderen passt.

🔑 Variation

Spielen Sie das Spiel mit Lebensmitteln – z.B. Keksen, Käse, Getränken, Bonbons, Broten, usw.

✐ Sicherheitstipps

Die Gegenstände sollten problemlos von Ihrem Kind gehandhabt werden können.

SCHUHGESCHÄFT

Jetzt, da Ihr Kind endlich auf seinen zwei Füßen durch die Welt geht, können Sie diese Fähigkeit noch spannender gestalten – mit einem Ausflug zum Schuhgeschäft! Wenn Sie große Füße haben – kein Problem, Ihr Kind lernt schnell, in Ihre Fußstapfen zu treten!

Materialien

- Verschiedene Schuhpaare in unterschiedlichen Größen
- Socken, optional
- Platz

Lerneffekt

- Balance und Koordination
- Entwicklung der Grobmotorik
- Gemeinsamkeit und Klassifizierung

Anleitung

1. Suchen Sie mehrere Paar Schuhe in verschiedenen Stilen aus Ihrem Schrank aus, z.B. Pumps, Arbeitsschuhe, Stiefel, Sandalen, Sneaker, usw.
2. Stellen Sie die Schuhe in die Mitte des Raumes.
3. Lassen Sie Ihr Kind die Schuhe erforschen.
4. Vermischen Sie die Schuhpaare und lassen Sie Ihr Kind ein Paar heraussuchen.
5. Lassen Sie Ihr Kind sich die Schuhe anziehen und versuchen, darin herumzulaufen.

🔑 Variation

Bauen Sie einen Hindernisparcours für Ihr Kind auf, den es bewältigen muss. Lassen Sie Ihr Kind in Schuhen laufen, die nicht zueinander gehören, z.B. eine Sandale und einen Stiefel.

✂ Sicherheitstipps

Achten Sie darauf, dass Ihr Kind die Schuhe nicht in den Mund nimmt.

VERRÜCKTE SCHUHE

Haben Sie mit diesem Spiel ein bisschen Spaß mit der neuen Lauf-Fähigkeit Ihres Kindes. Dieses Spiel wird gleichzeitig die Balance, die Wahrnehmungsfähigkeit und die Grobmotorik Ihres Kindes fördern. Und es ist ein verrückter Spaß!

Materialien
- Eine Auswahl an verschiedenen Stoffen und Materialien, mit denen man verrückte Schuhe basteln kann – Pappe, Filz, unechtes Fell, dickes Papier, Schaumstoff, Schuhkartons, usw.
- Klebeband
- Platz

Lerneffekt
- Balance und Koordination
- Kreatives Denken
- Entdecken
- Entwicklung der Grobmotorik

Anleitung
1. Beginnen Sie mit einem der Materialien, z.B. zwei Streifen Fell, und wickeln Sie es um die Füße Ihres Kindes.
2. Kleben Sie es mit Klebeband fest.
3. Lassen Sie Ihr Kind mit den neuen Schuhen umherlaufen.
4. Basteln Sie aus den restlichen Materialien neue Schuhe, z.B. aus der Pappe.
5. Lassen Sie Ihr Kind darin herumlaufen.
6. Basteln Sie weitere Schuhe und lassen Sie sie von Ihrem Kind ausprobieren.

⚴ Variation
Lassen Sie Ihr Kind selbst ein Paar Schuhe gestalten.

⌀ Sicherheitstipps
Achten Sie darauf, dass keine Hindernisse im Weg sind und sich Ihr Kind beim Fallen nicht an Möbeln stoßen kann.

SPINNE IM NETZ

Ihr Kind läuft nun überall hin und her, und es liebt neue Herausforderungen. Spannen Sie ein Netz für Ihre kleine Spinne und beobachten Sie, wie sie einen Weg heraus findet.

Materialien
- ♣ Ein Knäuel bunte Wolle oder Garn
- ♣ Ein großer Raum mit Möbeln
- ♣ Durchsichtiges Klebeband

Lerneffekt
- ♣ Augen-Hand-Koordination
- ♣ Entwicklung der Fein- und Grobmotorik
- ♣ Problemlösung

Anleitung
1. Kleben Sie ein Ende des Garns oder der Wolle mit dem durchsichtigen Klebeband auf Höhe Ihres Kindes an ein Möbelstück auf einer Seite des Raumes.
2. Wickeln Sie das Garn ab, während Sie durch den Raum laufen und es hier und da mit dem Klebeband an verschiedenen Möbelstücken oder an der Wand befestigen. Achten Sie darauf, dass das Netz, das Sie spannen, auf Körperhöhe Ihres Kindes ist.
3. Wenn Sie ein schönes Netz gesponnen haben, können Sie das Garn vom Knäuel abschneiden, so dass das Garn bis vor den Raum reicht.
4. Legen Sie das Ende des Garns vor den Raum und locken Sie Ihr Kind zu sich.
5. Erklären Sie Ihrem Kind, dass es das Garn-Ende aufheben und dem Garn folgen soll.
6. Beobachten Sie Ihr Kind dabei, wie es dem Garn durch den Raum folgt, bis es das andere Ende erreicht.

✎ Variation
Binden Sie abschnittsweise kleine Spielzeuge an das Garn, die Ihr Kind auf seinem Weg einsammeln kann.

✐ Sicherheitstipps
Passen Sie auf, dass sich Ihr Kind nicht im Garn verwickelt.

STICKER-SPAß

Mit dieser Schatzsuche wird der ganze Körper Ihres Kindes zum Gewinner! Es muss nur direkt unter seiner Nase suchen.

Materialien

- 20-30 leicht klebende Sticker
- Papier und Stift
- Der Körper Ihres Kindes

Lerneffekt

- Körperbewusstsein
- Entwicklung der Feinmotorik
- Objektpermanenz
- Soziale Interaktion

Anleitung

1. Besorgen Sie eine Auswahl an Stickern, die Ihr Kind toll finden wird.
2. Machen Sie eine Liste mit allen Stickern, damit Sie sie zuordnen können.
3. Zeichnen Sie die Körper-Umrisse Ihres Kindes auf ein großes Blatt Papier, Vorder- und Rückseite.
4. Stellen Sie Ihr Kind in die Mitte des Raumes und verteilen Sie die Sticker über den gesamten Körper – teils versteckt, teils leicht zu sehen.
5. Lesen Sie den Titel von einem Sticker auf der Liste laut vor.
6. Lassen Sie Ihr Kind den Sticker auf seinem Körper suchen.
7. Wenn Ihr Kind den Sticker gefunden hat, kann es ihn auf die entsprechende Stelle auf die gemalten Umrisse kleben.
8. Machen Sie weiter, bis Ihr Kind alle Sticker auf seinem Körper gefunden und auf die Umrisse auf dem Papier geklebt hat.

🔑 Variation

Verteilen Sie die Sticker auf Ihrem Körper und lassen Sie Ihr Kind alle Sticker suchen.

✏ Sicherheitstipps

Kleben Sie keine Sticker in die Haare Ihres Kindes und sammeln Sie alle Sticker nach dem Spielen wieder ein.

TAMBOURMAJOR

Sobald Ihr Kind laufen kann, wird es kaum mehr still sitzen. Geben Sie Ihrem Kind daher etwas Besonderes zu tun, während es durch die Gegend flitzt, und lassen Sie es eine eigene Parade mit einem Tambourstab abhalten!

Materialien
- ♣ Ein 30 cm langer Stab aus glattem Holz oder aus Plastik
- ♣ Ein ca. 2-3 Meter langes Band aus Krepp, Satin oder Stoff
- ♣ Klebeband
- ♣ Marschmusik

Lerneffekt
- ♣ Balance und Koordination
- ♣ Entwicklung der Grobmotorik
- ♣ Visuelle Verfolgung

Anleitung
1. Suchen Sie einen 30 cm langen Stab aus glattem Holz oder Plastik.
2. Schneiden Sie aus Krepp, Satin oder Stoff ein Band auf eine Länge von 2-3 Metern zurecht.
3. Kleben Sie ein Ende des Bandes mit Klebeband an die Spitze des Stabs.
4. Geben Sie Ihrem Kind den Stab und zeigen Sie ihm, wie man ihn umherschwingen kann.
5. Lassen Sie Ihr Kind mit dem Stab experimentieren und große Kreise, Schleifen, eine Acht, usw. schwingen.
6. Drehen Sie die Marschmusik auf, wenn Ihr Kind soweit ist und lassen Sie es eine Parade abhalten!

🔑 Variation
Kleben Sie mehrere Bänder an den Stab, für eine bunte, mehrlagige Version. Machen Sie mit Ihrem eigenem Stab bei der Parade mit und folgen Sie Ihrem Kind zur Marschmusik durch den Raum.

✏ Sicherheitstipps
Achten Sie darauf, dass der Stab glatt und leicht ist, und keine scharfen Kanten oder spitzen Ecken hat. Passen Sie auf, dass sich Ihr Kind nicht in den Bändern verheddert.

ANFASSEN ERLAUBT

Eltern sagen Ihrem Kind nur allzu häufig: „Nicht anfassen!" Das ist die Gelegenheit, auch mal: „Anfassen!" zu sagen.

Materialien
- ♣ 6 kleine Papiertüten, z.B. Papier-Butterbrottüten
- ♣ 6 ungewöhnliche Gegenstände, z.B. ein Koosh-Ball, ein Schwamm, Watte, ein Gummitier, ein bekanntes Spielzeug, eine Spülbürste, usw.

Lerneffekt
- ♣ Kognitive Fähigkeiten
- ♣ Entdecken
- ♣ Vorstellungskraft, mentale Repräsentation
- ♣ Tastsinn

Anleitung
1. Geben Sie in jede Papiertüte einen der ungewöhnlichen Gegenstände. Die Gegenstände sollten interessante Oberflächenstrukturen besitzen (siehe oben).
2. Verschließen Sie die Tüten und stellen Sie sie auf den Boden.
3. Bringen Sie Ihr Kind in den Raum und setzen Sie es auf den Boden neben die Tüten.
4. Suchen Sie eine der Tüten aus und öffnen Sie sie.
5. Lassen Sie Ihr Kind die Hand in die Tüte stecken, ohne dass es vorher reinschauen darf. Wenn Ihr Kind seine Hand nur zögerlich in die Tüte stecken möchte, können Sie es selbst einmal vormachen.
6. Fragen Sie Ihr Kind, wie sich der Gegenstand anfühlt. Warten Sie ab, ob es alleine erraten kann, um was es sich handelt.
7. Wenn Ihr Kind es nicht schafft, es zu erraten, stecken Sie ebenfalls Ihre Hand in die Tüte und beschreiben Sie Ihrem Kind die Eigenschaften des Gegenstands.
8. Wenn Ihr Kind es immer noch nicht erraten kann, lassen Sie es den Gegenstand aus der Tüte ziehen, um ihn zu identifizieren.

Variation
Legen Sie Lebensmittel in die Tüten, die Ihr Kind erfühlen und erraten muss. Lassen Sie es die Lebensmittel danach essen!

Sicherheitstipps
Legen Sie keine scharfen oder spitzen Gegenstände in die Tüten.

ZOOLAUTE

Ihr Kind lernt schnell vieles über die Welt, die es umgibt. Tiere sind eine tolle Möglichkeit, dieses Wissen auszuweiten. Spielen Sie eine Runde „Zoolaute", so lernt Ihr Kind, die Laute den Tieren zuzuordnen.

Materialien
- Bilder von Tieren, die Laute machen
- Ein Aufnahmegerät

Lerneffekt
- Klassifizierung, Sortierung, Zusammengehörigkeit
- Entdecken
- Hörfähigkeiten

Anleitung
1. Suchen Sie Bilder von Tieren, die markante Geräusche machen, z.B. Ente, Huhn, Hund, Katze, Pferd, Kuh, Vogel, Frosch, Löwe, Bär, usw.
2. Machen Sie zu den Bildern die entsprechenden Tierlaute und nehmen Sie sie mit dem Aufnahmegerät auf. Machen Sie Pausen zwischen den einzelnen Tierlauten.
3. Setzen Sie sich mit Ihrem Kind auf dem Schoß auf den Boden oder an einen Tisch.
4. Breiten Sie die Tierbilder vor Ihrem Kind aus.
5. Schauen Sie sich die Bilder gemeinsam mit Ihrem Kind sehr genau an und identifizieren Sie gemeinsam die Tiere.
6. Spielen Sie die Aufnahmen der Tierlaute ab und lassen Sie Ihr Kind lauschen.
7. Pausieren Sie nach jedem Laut und lassen Sie Ihr Kind erraten, welches Tier diesen Laut macht.
8. Spielen Sie weiter, bis jeder Laut dem richtigen Tier zugeordnet wurde.

Variation
Wenn das Spiel noch zu schwierig für Ihr Kind ist, können Sie auch erst die Laute abspielen und Ihrem Kind dann das passende Tierbild zeigen. Spielen Sie die Laute danach noch einmal ab und warten Sie, ob Ihr Kind sich daran erinnern kann, welche Laute zu welchem Tier gehören.

Sicherheitstipps
Die Laute sollten nicht zu laut oder unheimlich sein, damit Ihr Kind keine Angst bekommt und vom Raten abgelenkt wird.

Vierundzwanzig bis dreißig Monate

Sobald Ihr Kind die zwei-Jahres-Marke passiert, kann es eine Reihe von Aufgaben ohne Hilfe (aber trotzdem immer unter Aufsicht!) bewältigen und hat ein gutes Verständnis davon, wie die Welt funktioniert.

Physisch ist der Körper Ihres Kindes zu fast allen Dingen fähig, die auch ein erwachsener Körper bewerkstelligen kann. Allerdings fehlt es noch an Stärke und Ausdauer. Mit anderen Worten, Ihr Kind wird schnell müde und muss häufig neue Energie gewinnen. Am besten eignen sich dazu gesunde Snacks und kurze Nickerchen. Ihr Kind möchte gerne Mama und Papa imitieren und lauter Erwachsenen-Sachen machen, also lassen Sie es bei der Gartenarbeit und in der Küche mithelfen und auch andere Aufgaben übernehmen. Geben Sie Ihrem Kind außerdem noch eine feste Aufgabe, die es täglich erfüllen muss, um ihm ein Gefühl dafür zu geben, etwas bewerkstelligt zu haben und kompetent zu sein.

In diesem Alter lernt Ihr Kind, kontrolliert mit Filzstiften, Kreide oder Bleistiften umzugehen und seine Bilder werden immer realistischer. Lassen Sie Ihrem Kind mit großen Papierbögen und guten Malutensilien viel Zeit zum Malen. In diesem Alter sind Begrenzungen nicht so wichtig. Deswegen sollten Sie Ihrem Kind noch keine Ausmalbücher geben, sondern es einfach malen und zeichnen lassen, worauf es Lust hat. Freies Zeichnen ist nicht nur gut für die Feinmotorik, sondern auch ein Ausdruck seiner Emotionen.

Während Ihr Kind über die Dinge in seiner Umgebung reflektiert, wird es den Zusammenhang von Ursache und Wirkung immer mehr verstehen und so immer mehr Dinge und Aufgaben alleine bewältigen können. Lassen Sie Ihr Kind also ruhig bestimmte Dinge alleine machen und helfen Sie nur, wenn es selbst keine Lösung für ein Problem findet. Greifen Sie nicht von vornherein ein, um Ihrem Kind zu zeigen, wie man etwas „richtig" macht, sondern lassen Sie Ihrem Kind die Möglichkeit zu lernen, dass es eigenständig denken soll. Bieten Sie Möglich-keiten, die Denkfähigkeit Ihres Kindes immer weiter zu entwickeln. Unterstützen Sie die Entwicklung der Kreativität und die Neugier Ihres Kindes, indem Sie offene Fragestellungen mit „Was?", „Warum?" oder „Wie?" anbieten, anstelle von Fra-gestellungen, die zu „Ja"- und „Nein"-Antworten führen und somit keinen Raum zum Interpretieren und Reflektieren lassen.

Die Sprache wird zu einem spaßigen Spielzeug in diesem Alter. Singen Sie Lieder und lesen Sie Bücher mit lustigen Reimen. Sagen Sie lustige Dinge und inszenieren Sie die Charaktere aus dem Lieblingsbuch Ihres Kindes während des Vorlesens. Bieten Sie Ihrem Kind viele Bücher an, die es selbst „lesen" kann. Bücher fördern die Vorstellungskraft, die Sprachentwicklung und eigenständiges Denken.

Ihr Kind weiß, was es kann, aber manchmal überschätzt es seine Fähigkeiten auch. Versuchen Sie, ihm dabei zu helfen, erfolgreich zu sein, um das Gefühl für die eigene Kompetenz zu festigen. Je mehr Selbstvertrauen Ihr Kind hat, desto erfolgreicher wird es in seinem Handeln – jetzt und auch später.

Lassen Sie ihr Kind einen großen Freundeskreis aufbauen, damit es in Gruppen-aktivitäten die grundlegenden sozialen Kompetenzen erlernt. Die Fähigkeit, mit anderen zu interagieren, wird Ihr Kind sehr gut auf den Kindergarten vorbereiten. Ihr Kind sollte seine Emotionen niemals unterdrücken, sondern immer zum Ausdruck bringen dürfen. Bringen Sie ihm die nötigen Worte für diese Emotionen bei. Wie bereits erwähnt, sind künstlerische Aktivitäten auch immer eine gute Möglichkeit für Ihr Kind, Emotionen auszudrücken, die es lieber nur indirekt teilen möchte.

Ihr Kind ist nun zwei Jahre alt und nichts kann es stoppen! Versuchen Sie einfach, bei dieser schier grenzenlosen Energie mitzuhalten!

CLOWNSMUND

Nun, da sich sowohl die Augen-Hand-Koordination als auch die Einschätzung von Entfernungen verbessert haben, ist Ihr Kind bereit für dieses Spiel. Ihr Kind wird es lieben, endlich das Ziel treffen zu können.

Materialien
- ♣ Ein großes Stück Pappe
- ♣ Filzstifte
- ♣ Eine Schere oder ein Cuttermesser
- ♣ Wachsmalstifte, Malfarbe oder Filzstifte
- ♣ Bohnensäckchen, Schwämme oder Sockenbälle

Lerneffekt
- ♣ Augen-Hand-Koordination
- ♣ Entwicklung der Fein- und Grobmotorik
- ♣ Einschätzen von Entfernungen

Anleitung
1. Malen Sie mit den Filzstiften ein Clownsgesicht auf die Pappe: Malen Sie zwei Runde Augen, groß genug, um Sockenbälle, Schwämme oder Bohnensäckchen hindurch zu werfen, und einen noch größeren Mund.
2. Schneiden Sie die Augen und den Mund mit einer Schere oder einem Cuttermesser aus.
3. Malen Sie das Clownsgesicht bunt aus. Fügen Sie noch Details wie Wimpern, Haare, eine Nase, usw. hinzu.
4. Lehnen Sie die Pappe mit dem Clownsgesicht an eine Wand und legen Sie Wurfgegenstände wie Bohnensäckchen, Schwämme oder Sockenbälle bereit.
5. Lassen Sie Ihr Kind sich neben die Wurfgegenstände hinstellen und sie in den Mund des Clowns werfen.
6. Wenn Ihr Kind gut trifft, kann es auch versuchen, die Gegenstände durch die Augen des Clowns zu werfen.

🖋 Variation
Machen Sie fünf Löcher, alle in verschiedenen Größen. Ihr Kind kann je nach Größe des Lochs, durch das es trifft, Punkte sammeln.

✐ Sicherheitstipps

Geben Sie Ihrem Kind nur weiche Gegenstände zum Werfen. So kann nichts zerbrechen, wenn es zu enthusiastisch wird.

TANZMARATHON

Viele Kinder lieben es, sich durch Musik und Tanz auszudrücken. Bieten Sie Ihrem Kind mit diesem Spiel eine kreative Ausdrucksmöglichkeit.

Materialien
- Eine Auswahl an Musik, z.B. Rumba, Walzer, Polka, Rock and Roll, usw.
- Eine Musikanlage
- Eine große Tanzfläche

Lerneffekt
- Balance und Rhythmus
- Körperbewusstsein
- Kreativität
- Hörfähigkeiten

Anleitung
1. Machen Sie eine Playlist mit verschiedenen Musikrichtungen. Lassen Sie bei jedem Lied genug Zeit zum Tanzen und lassen Sie die Lieder direkt aneinander anschließen, so dass die Musik kontinuierlich weiterspielt.
2. Schalten Sie die Musik an und stellen Sie sich mit Ihrem Kind in die Mitte des Raumes auf die „Tanzfläche".
3. Fangen Sie an zu tanzen, sobald das erste Lied anfängt und ermuntern Sie Ihr Kind, mitzutanzen.
4. Ändern Sie gemeinsam den Tanzstil entsprechend der wechselnden Musikrichtungen.
5. Tanzen Sie mit Ihrem Kind, bis Sie beide umfallen.

🔑 Variation
Lassen Sie Ihr Kind die Tanzrichtung vorgeben.

🔒 Sicherheitstipps
Achten Sie darauf, dass Sie genug Platz zum Tanzen haben, damit Sie nichts umschmeißen. Machen Sie Pausen, wenn Sie müde werden.

VERKLEIDUNGS-PARADE

Es scheint, dass Ihr Kind es gar nicht abwarten kann, so groß wie Mama oder Papa zu werden. Lassen Sie Ihr Kind ausprobieren, wie es ist, ein Erwachsener zu sein – oder sich zumindest wie einer zu kleiden – und machen Sie gemeinsam eine Verkleidungs-Parade!

Materialien
- Eine Auswahl an verschiedenen Kleidungsstücken, z.B. Hüte, Jacken, Handschuhe, Perücken, Schuhe, Hosen, Tops, Kleider, Schals, Schmuck, usw.
- Ein großer Spiegel

Lerneffekt
- Geschlechterunterschiede
- Selbstwahrnehmung
- Selbsthilfe – Anziehen
- Reihenfolgebildung

Anleitung
1. Durchstöbern Sie einen Secondhandshop nach einer Auswahl an Kleidungsstücken, die einfach anzuziehen und komfortabel sind und mit denen das Verkleiden Spaß macht.
2. Legen Sie die Kleidung in eine Box und stellen Sie diese in die Mitte des Raumes.
3. Entdecken Sie mit Ihrem Kind die Box und deren Inhalt.
4. Probieren Sie einige der Kleidungsstücke zusammen an und betrachten Sie sich im Spiegel.
5. Wenn Sie sich beide fertig eingekleidet haben, können Sie die Parade starten. Laufen Sie in Ihrer neuen Kleidung durch die Nachbarschaft oder durch Ihr Haus.

🔑 Variation
Bieten Sie mehrere Varianten einzelner Kleidungsstücke an, z.B. eine Auswahl an Hüten, Schuhen, Schals, Perücken, usw.

✂ Sicherheitstipps
Passen Sie auf, dass sich Ihr Kind in den Kleidungsstücken nicht verheddert.

FILZ-FABEL

Die Sprache und das Vokabular Ihres Kindes wächst sprungweise, aber manchmal reicht der Wortschatz einfach nicht aus, damit sich Ihr Kind vollständig ausdrücken kann. Basteln Sie Ihrem Kind eine Tafel und lassen Sie sich etwas erzählen!

Materialien
- Ca. 1x1 Meter schwarzer oder dunkler Filz oder Flanellstoff
- Eine ca. 1x1 Meter große Tafel, eine Pinnwand oder ein Stück geschmirgeltes Holz
- Klebstoff
- Fellstücke in verschiedenen Farben
- Lieblings-Bilderbücher
- Eine Schere
- Filzstifte

Lerneffekt
- Emotionaler Ausdruck
- Entwicklung der Feinmotorik
- Vokabular und Sprachentwicklung
- Soziale Interaktion

Anleitung
1. Bekleben Sie eine Tafel, eine Pinnwand oder ein Holzbrett mit dem Filz oder Flanellstoff und lassen Sie den Kleber gut trocknen.
2. Schauen Sie sich die Lieblings-Bilderbücher Ihres Kindes an, um sich für Charaktere inspirieren zu lassen. Schneiden Sie die Figuren aus den Fellstücken aus. Für die Geschichte „Die drei kleinen Schweinchen" können sie z.B. die drei kleinen Schweinchen aus rosa Fellstücken und den Wolf aus grauen Fellstücken (so dass man Ihn vor dem dunklen Hintergrund der Tafel aber noch erkennen kann) schneiden.
3. Malen Sie mit den Filzstiften Details auf.
4. Lehnen Sie die Tafel gegen eine Wand.
5. Setzen Sie sich mit Ihrem Kind vor die Tafel und legen Sie die Figuren aus Fell auf die Tafel.
6. Erzählen Sie gemeinsam die Geschichte und bewegen Sie dabei die Figuren auf der Tafel.

🔑 Variation

Schneiden Sie die Fellstücke in verschiedene grafische Formen und lassen Sie Ihr Kind die Formen auf der Tafel arrangieren.

🔒 Sicherheitstipps

Achten Sie darauf, dass die Tafel sicher steht und nicht umkippen kann.

GEFÜHLSWELT

Seit seiner Geburt hat Ihr Kind bereits viele Emotionen durchlebt – wenn nicht sogar bereits zuvor. Die ersten Emotionen, die Ihr Kind erlebt, sind Angst, Überraschung und sogar Wut. Mit diesem Spiel lernt Ihr Kind nun, all seine Emotionen auszudrücken.

Materialien
- Pappteller
- Filzmarker
- Zungenspatel oder Eisstiele (optional)
- Durchsichtiges Klebeband
- Ein Bilderbuch

Lerneffekt
- Kognitive Fähigkeiten
- Emotionaler Ausdruck
- Vokabular und Sprachentwicklung

Anleitung
1. Malen Sie eine Auswahl an verschiedenen Gesichtsausdrücken auf die Pappteller. Jeder Gesichtsausdruck sollte für eine andere Emotion stehen, z.B. traurig, wütend, fröhlich, ängstlich, usw. (Sie können einen Eisstiel an die Rückseite des Tellers kleben, so lassen sich die Teller besser halten.)
2. Setzen Sie sich Ihr Kind auf den Schoß und lesen Sie ihm eine Geschichte vor, in der viele verschiedene Emotionen zum Ausdruck kommen.
3. Halten Sie den entsprechenden Teller vor Ihr Gesicht, wenn eine bestimmte Emotion im Buch ausgedrückt wird.
4. Erklären Sie Ihrem Kind, welche Emotion das ist, und lassen Sie es den Ausdruck imitieren.
5. Erzählen Sie die Geschichte zu Ende. Halten Sie dabei die entsprechenden Teller hoch, wenn bestimmte Emotionen zum Ausdruck gebracht werden.

✎ Variation
Halten Sie die Teller nacheinander hoch und imitieren Sie den Gesichtsausdruck. Beschreiben Sie die Emotion dabei mit Worten, z.B.: „Ich bin glücklich!".

✐ Sicherheitstipps
Passen Sie auf, dass Sie Ihr Kind mit den Eisstielen nicht versehentlich pieksen. Sie können die Teller auch einfach am Rand festhalten.

WAS PASST ZUSAMMEN?

Dies ist eine fortgeschrittene Version vom Finden zusammengehöriger Paare. Es wird die kognitiven Fähigkeiten Ihres Kindes steigern. Gestalten Sie das Spiel interessanter, indem Sie spannende Gegenstände aussuchen!

Materialien

- Paare von Gegenständen, die zusammengehören, z.B. Schlüssel und Schloss, Stift und Papier, Seife und Waschlappen, Socken und Schuhe, usw.
- Ein Tisch

Lerneffekt

- Klassifizierung und Sortierung
- Augen-Hand-Koordination
- Entwicklung der Feinmotorik
- Denkfähigkeit

Anleitung

1. Sammeln Sie paarweise Gegenstände, wie oben vorgestellt. Halten Sie die Paarungen einfach. Sie können auch ein oder zwei etwas komplexere Paare dazulegen, um Ihr Kind ein bisschen herauszufordern.
2. Arrangieren Sie alle Gegenstände auf dem Tisch, legen Sie die Paare aber nicht zusammen.
3. Setzen Sie Ihr Kind an den Tisch und zeigen Sie ihm die Gegenstände.
4. Suchen Sie einen Gegenstand aus und fragen Sie Ihr Kind, ob es den zugehörigen findet. Geben Sie Tipps, wenn es ihn nicht finden sollte.
5. Loben Sie Ihr Kind, wenn es den passenden Gegenstand gefunden hat. Legen Sie das Paar zur Seite und suchen Sie das nächste Paar aus.
6. Spielen Sie, bis alle Paare zusammengefügt worden sind.

🔑 Variation

Wenn Ihr Kind dieses Spiel geschafft hat, können Sie für die nächste Runde Bilder nehmen. Bilder machen das Spiel nicht nur interessanter, sondern bieten auch noch die Möglichkeit einer größeren Auswahl.

🔖 Sicherheitstipps

Achten Sie darauf, dass alle Gegenstände für Kinder geeignet sind.

VERSTECKTE MUSIK

Ihr Kind entdeckt die Welt mit all seinen Sinnen. Seine Wahrnehmung verursacht eine motorische Reaktion, die zu einer Steigerung des Denkvermögens führt. Dieses Spiel fördert die zwei wichtigsten Sinne Ihres Kindes – Hören und Sehen.

Materialien
- ♣ Ein Musik-Aufzieh-Spielzeug oder eine andere, transportable Musikquelle
- ♣ Platz

Lerneffekt
- ♣ Entwicklung der Grobmotorik
- ♣ Problemlösung
- ♣ Hörfähigkeit
- ♣ Sehfähigkeit

Anleitung
1. Ziehen Sie das Spielzeug auf oder schalten Sie die transportable Musikquelle an und verstecken Sie es irgendwo im Spielzimmer.
2. Lassen Sie Ihr Kind in den Raum kommen und das Spielzeug nur durch Hören finden.
3. Loben Sie Ihr Kind, wenn es das Spielzeug gefunden hat und spielen Sie noch eine Runde.

✒ Variation
Lassen Sie Ihr Kind das Spielzeug verstecken, das Sie dann suchen müssen. Verstecken Sie zwei Musikquellen. So muss Ihr Kind die verschiedenen Töne unterscheiden können.

⌀ Sicherheitstipps
Verstecken Sie das Spielzeug nicht zu gut – Ihr Kind sollte es relativ leicht finden können, ohne über Gegenstände klettern oder welche aufheben zu müssen.

MAMA, DARF ICH?

Die sprachlichen Fähigkeiten Ihres Kindes entwickeln sich fortwährend und es reagiert auf verschiedene Typen des Sprechens. Auf eine Aussage gibt es eine Erwiderung, auf eine Frage eine Antwort und zu einem Kommando gibt es artig ein: „Mama, darf ich?"

Materialien
- ♣ Ein Stück Seil oder Klebeband
- ♣ Platz

Lerneffekt
- ♣ Entwicklung der Grobmotorik
- ♣ Sprachentwicklung
- ♣ Zuhörfähigkeiten
- ♣ Soziale Interaktion

Anleitung
1. Legen Sie ein Stück Seil oder Klebeband auf eine Seite des Spielbereichs und ein weiteres Stück Seil oder Klebeband parallel dazu in ein paar Metern Abstand auf die andere Seite.
2. Platzieren Sie Ihr Kind an eine der beiden Linien. Dies ist die Startlinie. Sagen Sie Ihrem Kind, dass es auf weitere Anweisungen warten soll.
3. Stellen Sie sich selbst an die andere Linie, die Ziellinie.
4. Erklären Sie Ihrem Kind die Regeln von „Mama, darf ich?". Es muss mit: „Mama, darf ich?" um Erlaubnis bitten, bevor es das Kommando befolgt.
5. Geben Sie Ihrem Kind ein Kommando, z.B. „(Name), Du darfst drei Schritte vorwärts gehen".
6. Warten Sie, bis Ihr Kind „Mama, darf ich?" fragt. Sie können mit „Ja, Du darfst" oder „Nein, Du darfst nicht" antworten. Wenn Sie die Erlaubnis erteilt haben, warten Sie, bis Ihr Kind die Schritte gemacht hat und geben Sie ein weiteres Kommando.
7. Wenn Ihr Kind vergisst, „Mama, darf ich?" zu fragen, muss es zurück an die Startlinie.
8. Wenn Ihr Kind es bis über die Ziellinie geschafft, darf es in der nächsten Runde Ihre Rolle übernehmen.

🔑 Variation

Laden Sie andere Kinder zu diesem Spiel ein, um es gemeinsam mit Ihrem Kind zu spielen. Legen Sie kleine Leckereien oder Spielzeuge aus, die auf dem Weg eingesammelt werden können. So wird das Spiel noch interessanter.

🖉 Sicherheitstipps

Räumen Sie alle Hindernisse aus dem Weg.

EIN KLEINES GESCHENK

Gerade, wenn Ihr Kind glaubt, all seine Kleidung zu kennen, können Sie es in ein brandneues Outfit einkleiden. Aber dieses ist etwas Besonderes und Ihr Kind kann es auf eine ungewöhnliche Art und Weise „ausziehen".

Materialien
- Große Bögen Geschenk- oder Krepppapier
- Klebeband
- Ein Spiegel

Lerneffekt
- Entwicklung der Grobmotorik
- Problemlösung
- Tastsinn

Anleitung
1. Besorgen Sie genug Papier, um den ganzen Körper Ihres Kind einwickeln zu können.
2. Stellen Sie Ihr Kind vor einen Spiegel und ziehen Sie es bis auf die Windeln aus.
3. Kleiden Sie Ihr Kind in sein neues Outfit und wickeln Sie das Krepp- oder Geschenkpapier um den Körper Ihres Kindes. Lassen Sie Ihr Kind dabei zuschauen.
4. Kleben Sie die Enden des Papiers mit Klebeband fest.
5. Zeigen Sie Ihrem Kind sein neues Outfit im Spiegel.
6. Wenn Ihr Kind es lange genug bewundert hat, soll es sich überlegen, wie es das Outfit wieder ausziehen kann.

🪀 Variation
Probieren Sie es mit anderen Papiersorten aus, wie Wachspapier, Zeitungspapier, Comicbuchpapier oder Krepppapierstreifen, usw.

✎ Sicherheitstipps
Wickeln Sie das Papier nicht über das Gesicht Ihres Kindes, damit es gut atmen kann und sieht, was Sie da machen. Wickeln Sie das Papier nicht zu eng oder unbequem um Ihr Kind, da es sonst keinen Spaß an dem Spiel haben wird.

RINGEL-KIND

Diese personalisierte Version von „Ringel-Ringel-Reihe" ist ein wahres Fitnesstraining für Ihr Kind. Kreieren Sie noch weitere Versionen, während Sie spielen!

Materialien

- Platz
- Ihre Stimme

Lerneffekt

- Körperwahrnehmung
- Entwicklung der Grobmotorik
- Vokabular und Sprachentwicklung
- Zuhören und Befolgen von Anweisungen
- Soziale Interaktion

Anleitung

1. Ziehen Sie Ihrem Kind und sich selbst bequeme Kleidung an.
2. Stellen Sie sich in die Mitte einer freien Fläche.
3. Singen Sie das folgende Lied und machen Sie die Aktivitäten nach:

„Ringel-Kind"

Ringel, Ringel mein...,

(Setzen Sie den Namen Ihres Kindes ein und drehen Sie sich im Kreis)

Die Tasche voller...,

(Denken Sie sich etwas Lustiges aus, das sich auf den Namen Ihres Kindes reimt)

Husch Husch, wir fallen alle hin!

(Lassen Sie sich auf den Boden plumpsen)

(Für die nächsten Verse können Sie „wir fallen alle hin" mit „wir klatschen alle in die Hände", „wir stampfen alle mit den Füßen", „wir schütteln alle unsere Köpfe" oder „wir drehen uns alle um" ersetzen)

🪀 Variation

Personalisieren Sie alle Lieblings-Kinderreime oder -lieder und ergänzen Sie Verse, die Sie sich selbst ausgedacht haben.

✂ Sicherheitstipps

Achten Sie darauf, dass Sie genug Platz zum Spielen haben, damit sich ihr Kind an nichts stoßen kann. Drehen Sie sich nicht zu schnell, sonst wird Ihrem Kind schwindelig.

KRITZEL-KUNST

Ihr Kind wird bald schon seinen Namen schreiben können, aber der Weg zur Kontrolle seiner Feinmotorik führt über Kritzeleien. Die Kritzeleien werden zu Kunst, die Kunst wird zu Bildern, und bevor Sie sich versehen, kann Ihr Kind schon schreiben.

Materialien
- ⚇ Große Filzstifte
- ⚇ Große Blätter Papier
- ⚇ Ein Kindertisch

Lerneffekt
- ⚇ Emotionaler Ausdruck
- ⚇ Entwicklung der Feinmotorik
- ⚇ Sprachentwicklung

Anleitung
1. Legen Sie die Filzstifte und Papierblätter auf den Kindertisch.
2. Setzen Sie Ihr Kind an den Tisch.
3. Setzen Sie sich neben Ihr Kind und kritzeln Sie gemeinsam. Ermuntern Sie Ihr Kind, verschiedene grafische Formen zu zeichnen, z.B. Punkte, Linien, Kurven und Kreise.
4. Lassen Sie sich das Bild von Ihrem Kind von sich aus erklären, ohne dass Sie vorher gefragt haben, was es darstellt.
5. Zeichnen Sie nichts vor, das Ihr Kind dann nachzeichnen soll. Lassen Sie Ihr Kind einfach malen, was immer es möchte. Wenn es mehr Kontrolle über die Stifte bekommt, werden die Bilder wahrscheinlich auch besser zu erkennen sein.

✐ Variation
Verwenden Sie Malfarbe und Wasserfarben anstatt der Filzstifte, oder auch Fingermalfarbe.

✐ Sicherheitstipps
Verwenden Sie ungiftige Filzstifte und sagen sie Ihrem Kind, dass es sich die Stifte nicht in den Mund stecken soll.

GLEICHE KLÄNGE

Das Gehör Ihres Kindes wird immer besser und die kognitiven Fähigkeiten werden immer feiner, so dass es zwischen immer mehr verschiedenen Geräuschen unterscheiden kann. Testen Sie die Hörfähigkeiten Ihres Kindes mit diesem lustigen Spiel!

Materialien
- 10 kleine, identische Dosen mit Deckeln, z.B. kleine Plastikdosen
- 5 Gegenstände, die in die Behälter gegeben werden sollen und Geräusche machen, z.B. Reis, Bohnen, Kerne, Münzen, Salz, Steine, Perlen, usw.
- Ein Tisch oder der Boden

Lerneffekt
- Differenzierung
- Hörfähigkeit
- Soziale Interaktion

Anleitung
1. Füllen Sie die Dosen mit Gegenständen, machen Sie von jeder Version zwei Stück, z.B. zwei Dosen mit Bohnen, zwei Behälter mit Steinen, usw.
2. Umwickeln Sie die Dosen mit Alufolie, wenn sie durchsichtig sind.
3. Stellen Sie die Dosen auf den Boden oder den Tisch und setzen Sie sich mit Ihrem Kind daneben.
4. Nehmen Sie eine Dose hoch und schütteln Sie sie.
5. Lassen Sie Ihr Kind eine andere Dose nehmen und sie schütteln.
6. Fragen Sie, ob die Geräusche gleich sind oder sich unterscheiden.
7. Schütteln Sie alle Dosen, bis Ihr Kind die passende Dose gefunden hat, die die gleichen Geräusche macht wie Ihre Dose.
8. Spielen Sie weiter, bis Sie alle zueinander gehörenden Dosen gefunden haben. Zeigen Sie Ihrem Kind, was sich in den Dosen befindet.

☙ Variation
Füllen Sie Gläser mit einer Flüssigkeit in unterschiedlichen Füllständen. Schlagen sie mit einem Löffel leicht gegen das Glas und hören Sie auf die unterschiedlichen Klänge, die dabei erzeugt werden.

✐ Sicherheitstipps
Achten Sie darauf, dass die Dosen gut verschlossen sind, damit Ihr Kind die Inhalte auch erst am Schluss sieht.

ZAUBERSTICKER

Verbinden Sie die Badezeit mit der Spielzeit mit diesen tollen Zauberstickern. Ihr Kind wird es lieben, wie die verschiedenen Figuren und Formen wie durch Magie an der Badewannewand kleben bleiben.

Materialien
- Ein günstiges Bilderbuch, das Sie zerschneiden können.
- Durchsichtiges Klebeband oder Kontaktpapier
- Eine Schere
- Eine Badewanne mit Wasser

Lerneffekt
- Ursache und Wirkung
- Kreativität und Vorstellungskraft
- Entwicklung der Feinmotorik

Anleitung
1. Nehmen Sie ein günstiges Bilderbuch, das Ihr Kind besonders gerne hat.
2. Schneiden Sie die Figuren aus dem Buch aus, auch ein paar Requisiten, wenn Sie wollen. Sie können mehrere Bilder von der gleichen Figur ausschneiden, z.B. sitzend, stehend oder sich bewegend. Für die Requisiten suchen Sie am besten Möbel, Spielsachen, ein Haus oder ein Auto aus.
3. Legen Sie ein Stück Kontaktpapier oder durchsichtiges Klebeband mit der klebenden Seite nach oben aus.
4. Legen Sie die Figuren nebeneinander auf die Klebeseite, ca. 2,5 cm weit auseinander.
5. Legen Sie ein weiteres Stück Klebeband oder Kontaktpapier mit der Klebeseite nach unten auf die Figuren. So sind die Figuren im Plastik eingeschlossen und wasserfest.
6. Schneiden Sie die Figuren vorsichtig aus. Lassen Sie dabei einen 3 mm breiten Rand, damit das Plastik dicht aneinander kleben bleibt.
7. Füllen Sie eine Badewanne mit warmem Wasser.
8. Setzen Sie Ihr Kind in die Badewanne. Geben Sie auch die Figuren mit in die Wanne.
9. Drücken Sie eine der nassen Figuren gegen die Badewannenwand und schauen Sie, wie sie festklebt!

🔑 Variation

Sie können nicht nur in der Badewanne mit den Stickern spielen. Tauchen Sie einfach ein Backblech in eine Wanne mit Wasser und drücken Sie die Sticker gegen das nasse Backblech.

🔑 Sicherheitstipps

Lassen Sie Ihr Kind nicht unbeaufsichtigt im Wasser.

GESCHICHTEN-ERZÄHLER

Wenn Ihr Kind etwas besonders gerne mag, möchte es dies gerne so oft wie möglich wiederholen! Dieses Spiel ist eine tolle Möglichkeit, diese Nachfrage zu befriedigen, während gleichzeitig die kognitiven Fähigkeiten Ihres Kindes gesteigert werden.

Materialien
- ♣ Ein Aufnahmegerät
- ♣ Ein Bilderbuch
- ♣ Eine gemütliche Ecke zum Zuhören

Lerneffekt
- ♣ Vokabular und Sprachentwicklung
- ♣ Zuhörfähigkeiten
- ♣ Selbsthilfe – Lesen

Anleitung
1. Setzen Sie sich mit Ihrem Kind auf dem Schoß und einem Bilderbuch hin.
2. Schalten Sie das Aufnahmegerät ein, um Ihre Stimme aufzunehmen.
3. Lesen Sie Ihrem Kind das Buch vor. Sprechen Sie für die Aufnahme dafür besonders deutlich.
4. Schalten Sie das Aufnahmegerät aus, wenn Sie das Buch fertig gelesen haben.
5. Setzen Sie Ihr Kind in eine gemütliche Ecke und geben Sie ihm das Buch.
6. Stellen Sie das Aufnahmegerät in die Nähe Ihres Kindes und zeigen Sie Ihm, wie man es anschaltet, oder schalten Sie es selbst an.
7. Lassen Sie Ihr Kind das Buch alleine durchblättern, während die Aufnahme abgespielt wird.

✒ Variation
Denken Sie sich selbst eine Geschichte aus und lassen Sie Ihr Kind seine Phantasie benutzen, um sich vorzustellen, was passiert.

✐ Sicherheitstipps
Benutzen Sie ein tragbares Aufnahmegerät, damit Ihr Kind es auch überall alleine bedienen kann.

GESCHMACKSTESTER

Ihr Kind wird immer mehr Speisen essen und neue Geschmäcker ausprobieren. Wenn Sie einen besonders wählerischen Esser haben, der beispielsweise bei allen grünen Lebensmitteln die Nase rümpft, sollten Sie mit ihm „Geschmackstester" spielen. Es verwandelt die Essenszeit in ein Spiel.

Materialien

- Eine Auswahl der Lieblingsessen Ihres Kindes, die sich in der Konsistenz ähnlich sind, z.B. Apfelmus, Pudding, Kartoffelbrei, Wackelpudding, Joghurt, usw.
- Schüsseln
- Ein Tisch
- Ein Löffel
- Eine Augenbinde

Lerneffekt

- Klassifizierung
- Entdecken
- Risikobereitschaft
- Geschmackssinn

Anleitung

1. Wählen Sie mehrere Speisen aus, die eine ähnliche Konsistenz haben, wie die oben erwähnten.
2. Geben Sie die Speisen jeweils in eine eigene Schüssel und stellen Sie die Schüsseln in einer Reihe auf den Tisch.
3. Setzen Sie Ihr Kind an den Tisch und geben Sie Ihm einen Löffel.
4. Zeigen Sie Ihrem Kind die Speisen und erklären Sie ihm, dass Sie nun ein Spiel spielen.
5. Verbinden Sie Ihrem Kind die Augen oder sagen Sie ihm, das es die Augen schließen soll.
6. Nehmen Sie mit dem Löffel etwas von einer der Speisen auf. Lassen Sie Ihr Kind die Speise probieren.
7. Nehmen Sie die Augenbinde ab und fragen Sie Ihr Kind, welche der Speisen vor ihm es gerade wohl probiert hat.
8. Wiederholen Sie das Spiel, bis Ihr Kind alles probiert hat.

☞ Variation

Spielen Sie nach Kategorien, beispielsweise nur mit Früchten, Gemüse, Zerealien, usw.

✐ Sicherheitstipps

Versuchen Sie nicht, Ihrem Kind eine Speise zu verabreichen, die es nicht mag. Dann wird es Ihnen für das restliche Spiel nicht mehr vertrauen.

MINI-BOWLING

Anstatt Ihr Kind einen Ball nur vor und zurück rollen zu lassen, können Sie es ein bisschen herausfordern, indem es bei diesem Spiel ein paar Gegenstände umrollen soll.

Materialien

- ♣ 6 bis 10 Gegenstände, die als Bowlingpins dienen, z.B. leere Milchkartons oder Plastikflaschen, umgedrehte Pappbecher, usw.
- ♣ Platz
- ♣ Ein Seil oder Klebeband
- ♣ Ein Volley-, Basket- oder Fußball

Lerneffekt

- ♣ Ursache und Wirkung
- ♣ Augen-Hand-Koordination
- ♣ Entwicklung der Grobmotorik

Anleitung

1. Stellen Sie die „Bowlingpins" in dreieckiger Form auf, wie die Pins auf einer Bowlingbahn.
2. Gehen Sie mehrere Schritte zurück und markieren Sie eine Linie mit einem Stück Seil oder Klebeband.
3. Lassen Sie Ihr Kind sich hinter der Linie aufstellen.
4. Geben Sie Ihrem Kind den Ball und erklären Sie, dass es den Ball in Richtung der Pins rollen soll, um alle Pins umzuwerfen.
5. Lassen Sie ihr Kind so lange spielen, bis alle Pins umgefallen sind.
6. Stellen Sie die Pins wieder auf und spielen Sie noch eine Runde.

🔑 Variation

Stellen Sie einige Dominosteine in einer langen Reihe auf. Lassen Sie Ihr Kind einen kleinen Ball gegen den ersten Dominostein rollen. So fallen die Dominosteine in einer Kettenreaktion nacheinander um.

🗝 Sicherheitstipps

Nehmen Sie keine echte Bowlingkugel – diese ist zu schwer für Ihr Kind. Nehmen Sie keine zerbrechlichen Gegenstände als Pins.

TREFFSICHER

Dies ist ein lebendiges, interaktives Spiel, das Ihr Kind in Bewegung hält, während es lacht und gewinnt. Sie halten den Korb und Ihr Kind wirft treffsicher hinein.

Materialien
- ⚇ Kleine Bälle, z.B. Tennisbälle oder Koosh-Bälle
- ⚇ Ein großer, leichter Behälter, z.B. ein Eimer, eine Box oder eine Tasche
- ⚇ Ein großer Bereich zum Spielen

Lerneffekt
- ⚇ Augen-Hand-Koordination
- ⚇ Entwicklung der Grobmotorik
- ⚇ Soziale Interaktion

Anleitung
1. Sammeln Sie mehrere kleine Bälle und legen Sie sie auf den Boden neben Ihr Kind.
2. Nehmen Sie einen Behälter, der groß genug ist, um damit die Bälle auffangen zu können und der einfach zu halten ist.
3. Halten Sie den Behälter auf Höhe Ihres Kindes fest.
4. Lassen Sie Ihr Kind die Bälle in den Behälter werfen.
5. Bewegen Sie den Behälter, damit Sie den Ball auch sicher fangen. Wenn Sie zu zweit zusammen arbeiten, sollten alle Bälle im Behälter landen.
6. Nachdem alle Bälle im Behälter gelandet sind, können Sie sie Ihrem Kind zurückgeben und es noch einmal spielen lassen.

🔑 Variation
Lassen Sie Ihr Kind den Behälter halten und Sie werfen die Bälle hinein.

🔗 Sicherheitstipps
Werfen Sie die Bälle vorsichtig und passen Sie auf, dass Sie die Bälle nicht versehentlich in das Gesicht Ihres Kindes werfen. Der Behälter sollte keine scharfen oder spitzen Kanten und Ecken haben.

PUTZFEE

Anders als Tom Sawyer mit seinem Widerwillen, den Gartenzaun zu streichen, lieben es die meisten Kinder, „richtige Arbeit" zu machen – auch wenn Sie nur „so tun als ob". Geben Sie Ihrem Kind einen Eimer mit Wasser und einen Pinsel und schauen Sie zu, wie es seine Welt putzt!

Materialien
- Ein großer, sauberer Malerpinsel
- Für Kinder geeignete Putzutensilien, z.B. Schwämme, Handtücher, Abzieher, leere Sprühflaschen, Schrubber, Staubtücher, usw.
- 2 kleine Eimer
- Wasser

Lerneffekt

- Ursache und Wirkung
- Gesteigertes Selbstbewusstsein
- Augen-Hand-Koordination
- Entwicklung der Grobmotorik

Anleitung
1. Sammeln Sie verschiedene Putzutensilien in einem Eimer. So kann Ihr Kind sie herumtragen.
2. Füllen Sie einen weiteren Eimer mit Wasser.
3. Nehmen Sie Ihr Kind mit nach draußen und demonstrieren Sie, wie es mit Pinsel und Wasser das Haus „streichen" kann.
4. Lassen Sie Ihr Kind die anderen Utensilien im Eimer untersuchen und lassen Sie es die Utensilien verwenden, wie es dies bei Ihnen beobachtet hat.
5. Loben Sie Ihr Kind für die tolle Arbeit, die es mit dem Putzen des Hauses geleistet hat.

✐ Variation
Binden Sie Ihr Kind mit ein, wenn Sie gerade den Haushalt machen, z.B. beim Staubwischen oder Fegen, oder geben Sie Ihrem Kind ein ähnliches Projekt, an dem es arbeiten kann.

✐ Sicherheitstipps
Alle Putzutensilien sollten kindersicher sein. Dies ist auch ein guter Zeitpunkt, Ihr Kind über die Gefahren von giftigen Stoffen aufzuklären.

WAS IST DA DRIN?

Kinder in diesem Alter werden oft „kleine Wissenschaftler" genannt, weil sie so neugierig sind. Sie nehmen gerne Dinge auseinander, um zu sehen, was sich im Inneren befindet. „Was ist da drin?" ist genau das richtige Spiel für Ihren angehenden Einstein!

Materialien
- Butterbrottüten aus Papier
- Kleine Gegenstände, z.B. spezielle Spielsachen, eine Haarbürste, eine Nuckelflasche, eine Windel, ein Ball, ein Satz Schlüssel, usw.
- Klebeband

Lerneffekt
- Klassifizierung und Identifikation
- Kognitive Fähigkeiten und Denkvermögen
- Entwicklung der Feinmotorik
- Problemlösung

Anleitung
1. Tragen Sie ein paar der oben erwähnten Dinge zusammen, die Ihr Kind gut kennt.
2. Geben Sie je eines davon in eine Tüte, falten Sie die obere Lasche um und kleben Sie sie mit Klebeband fest.
3. Setzen Sie sich mit Ihrem Kind auf den Boden und verstecken Sie die Tüten hinter Ihrem Rücken.
4. Holen Sie eine der Tüten hervor und lassen Sie Ihr Kind erfühlen, was sich darin befindet. Sagen Sie: „Ich frage mich, was da drin ist?!"
5. Lassen Sie Ihr Kind eine Vermutung äußern. Wenn es nichts rät, können Sie eine Vermutung äußern, aber diese soll nicht richtig sein. Dies wird den Denkprozess Ihres Kindes anregen.
6. Fühlen und raten Sie weiter. Wenn Ihr Kind aufgibt, öffnen Sie die Tüte und lassen Sie es den Gegenstand direkt erfühlen, aber ohne in die Tüte zu schauen. Warten Sie ab, ob es den Gegenstand nun erraten kann.
7. Wenn Sie beide genug geraten haben, können Sie den Gegenstand aus der Tüte holen und nachsehen, ob Ihr Kind richtig gelegen hat.

✎ Variation

Lassen Sie Ihr Kind einige Tüten für Sie zum Raten vorbereiten!

✐ Sicherheitstipps

Die Gegenstände in den Tüten sollten keine spitzen Ecken haben, damit sich Ihr Kind beim Erfühlen nicht verletzt.

WAS STIMMT HIER NICHT?

Ihr Kind versucht noch immer herauszufinden, wie genau die Welt eigentlich funktioniert. Spielen Sie eine Runde „Was stimmt hier nicht?" und beobachten Sie, ob Ihr Kind herausfinden kann, was bei diesem Spiel nicht stimmt – und wie man es richten kann.

Materialien
- ♣ Ein Bilderbuch
- ♣ Socken und Schuhe
- ♣ Zahnbürste und Zahnpasta
- ♣ Wasser und Schüssel
- ♣ Brot und Marmelade

Lerneffekt
- ♣ Entwicklung der Feinmotorik
- ♣ Problemlösung
- ♣ Soziale Interaktion

Anleitung
1. Tragen Sie ein paar der oben erwähnten Dinge zusammen, oder andere Dinge, die man umdrehen, verkehrt herum tragen oder „falsch herum" aussehen lassen kann.
2. Setzen Sie sich Ihr Kind auf den Schoß. Halten Sie ein Bilderbuch verkehrt herum und beginnen Sie zu lesen. Warten Sie ab, ob Ihr Kind erkennt, dass Sie das Buch falsch herum halten.
3. Ziehen Sie Ihrem Kind zuerst einen Schuh an und dann eine Socke. Warten Sie ab, ob Ihr Kind erkennt, was hier falsch ist und es zu korrigieren versucht.
4. Geben Sie etwas Zahnpasta auf den Rücken der Zahnbürste, anstatt auf die Borsten. Warten Sie ab, ob Ihr Kind erkennt, was hier falsch ist und es zu korrigieren versucht.
5. Schütten Sie ein bisschen Wasser in eine Schüssel und sagen Sie Ihrem Kind, dass Sie etwas zu trinken haben. Warten Sie ab, ob Ihr Kind den seltsamen Behälter bemerkt und nach einem Glas fragt.
6. Streichen Sie Marmelade auf ein Brot und legen Sie das Brot mit der Marmeladenseite nach unten auf einen Teller. Beobachten Sie, ob Ihr Kind das Brot umdreht.

🔦 Variation

Bauen Sie noch mehr Verdrehungen in das Leben Ihres Kindes ein und warten Sie, ob es die Veränderungen bemerkt. Tragen Sie beispielsweise einen Hut verkehrt herum, ziehen Sie Ihre Kleidung auf links an, essen Sie mit den falschen Utensilien oder färben Sie den Reis mit Speisefarbe ein, usw.

🖉 Sicherheitstipps

Achten Sie darauf, dass keine der seltsamen Aufgaben ein Verletzungsrisiko für Ihr Kind birgt.

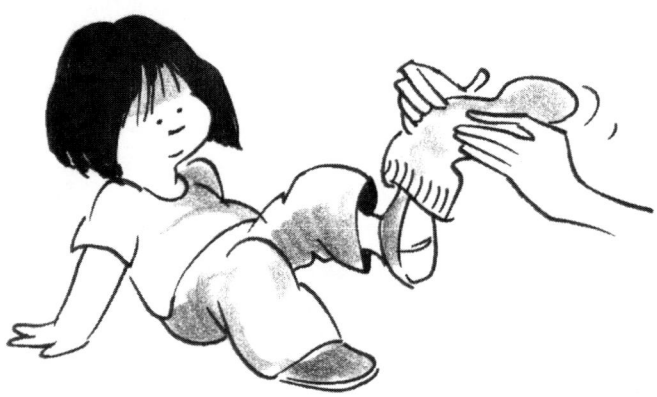

Dreißig bis sechsunddreißig Monate

Ihr Kind wird bald drei Jahre alt und ist bereit, sich der Welt zu stellen! Es ist zu einem kräftigen, klugen und selbstsicheren Kind herangewachsen, das ungeduldig darauf wartet, sich zu seinen Altersgenossen in den Kindergarten oder den Nachbargarten zu gesellen. Wie schnell es sich doch von einem abhängigen Baby, das weder sprechen noch laufen konnte, zu einem Kind entwickelt hat, das ausspricht, was in seinem Kopf vor sich geht, macht, was es will und sich selbst kennt.

Die grobmotorischen Fähigkeiten Ihres Kindes steigern sich immer weiter und bald schon wird es Fahrrad fahren, Ski fahren, Seilspringen, oder sogar Skateboard fahren! Es kann schneller rennen, höher springen und bei körperlicher Anstrengung länger Durchhalten.

Auch die feinmotorischen Fähigkeiten Ihres Kindes entwickeln sich immer schneller. Es wird bald schon das Alphabet und seinen eigenen Namen schreiben und deutlichere und klarere Bilder mit einer Bedeutung malen können. Es kann sich selbst anziehen, alleine essen und die Toilette benutzen. Diese Selbsthilfe-Fähigkeiten führen zu einem Gefühl größerer Freiheit und Unabhängigkeit.

Ihr Kind liebt es nun, Fragen zu stellen, während es die Bestandteile seiner Welt weiter zusammenfügt, vor allem „Warum?". Es kann einfache Anweisungen befolgen, Dinge bis zu einem gewissen Grad durchdenken und selbständig Lösungen für seine Probleme finden.

Seine sprachlichen Fähigkeiten sind bemerkenswert – Ihr Kind lernt sechs bis zehn neue Wörter pro Tag! Einiges in seinem Vokabular wird Sie wahrscheinlich überraschen, z.B. wenn es Worte und Phrasen verwendet wie „Das ist ekelhaft!" oder „Ich bin heute sehr wütend!" Wenn Ihr Kind einige schlimme Worte aufschnappt, erklären sie ihm einmal, dass es solche Worte nicht benutzen soll und ignorieren Sie sie danach. Wenn Sie den Worten keine Aufmerksamkeit schenken, werden sie bald ihre Bedeutung verlieren und verschwinden – solange Sie nicht selbst für diese Worte verantwortlich sind!

Ihr Kind wird in diesem Alter zufrieden mit sich sein, während es neue Aufgaben und Herausforderungen bekommt. Während der Schuljahre wird dieses Selbstbewusstsein vielleicht etwas abgeschwächt, aber wenn es sich in den ersten Jahren gut ausgeprägt hat, wird Ihr Kind schnell wieder dahin zurückfinden. Geben Sie Ihrem Kind viele Möglichkeiten, Erfolg zu haben und Dinge für sich selbst zu tun, um das Selbstbewusstsein zu stärken.

Nun, da Ihr Kind verstehen kann, wie sich andere fühlen, werden seine Freundschaften länger halten und das Zanken wird weniger werden. Und je komplexer die Emotionen Ihres Kindes werden, desto mehr wird es in der Lage sein, diese auszudrücken – durch die Körperhaltung, die Sprache und auch die Kunst. Bestärken Sie ihr Kind darin, die Emotionen auf akzeptable Weise auszudrücken, so dass es einen eigenen Weg findet, sich mit diesen auseinanderzusetzen, wenn es erwachsen wird.

Apropos Erwachsenwerden – das geht schneller als gedacht! Also genießen Sie die Zeit mit Ihrem dreijährigen Kind. Bevor Sie sich versehen, ist es schon vier!

ÜBERRASCHUNGSTÜTE

Überraschungen sind immer ein großer Spaß für Ihr Kind, vor allem wenn sie kreativ sind. Stellen Sie eine Überraschungstüte für Ihr Kind zusammen, die voll mit stimulierenden Ideen für die Vorstellungskraft Ihres Kindes ist.

Materialien

- ♣ 4 Papiertüten
- ♣ 3 zusammengehörige Gegenstände pro Tüte, z.B. Seife, Waschlappen und ein Plastik-Boot (zum Baden), ein Löffel, ein Teller und eine Tasse (zum Essen), und Schuhe, ein T-Shirt und eine Hose (zum Anziehen).

Lerneffekt

- ♣ Denkvermögen und kognitive Fähigkeiten
- ♣ Identifikation und Klassifizierung
- ♣ Sprachentwicklung
- ♣ Soziale Interaktion

Anleitung

1. Geben Sie drei zusammengehörige Gegenstände in eine Tüte, wie die oben empfohlenen.
2. Wiederholen Sie dies für die zwei weiteren Tüten.
3. Setzen Sie Ihr Kind auf den Boden und holen Sie die erste Tüte hervor.
4. Öffnen Sie die Tüte und holen Sie einen der Gegenstände heraus, ohne dass Ihr Kind die anderen beiden Dinge in der Tüte sieht.
5. Fragen Sie Ihr Kind, was der Gegenstand ist und was wohl noch in der Tüte sein könnte.
6. Wenn es einen der Gegenstände richtig geraten hat, können Sie auch diesen aus der Tüte holen und ihn zeigen.
7. Lassen Sie Ihr Kind erraten, was sich als Letztes in der Tüte befindet.
8. Wenn Ihr Kind es nicht erraten kann, zeigen Sie wie die anderen beiden Gegenstände zusammengehören. Lassen Sie Ihr Kind ein weiteres Mal raten.
9. Wenn Ihr Kind alle drei Gegenstände erraten hat, fragen Sie es, was sie gemeinsam haben.
10. Wiederholen Sie das Spiel für die anderen Tüten.

🔑 Variation

Spielen Sie das Spiel mit Lebensmitteln. Legen Sie drei zusammengehörige Produkte auf den Tisch, z.B. Pizzateig, Pizzasauce und geriebenen Käse. Fragen Sie Ihr Kind, was für eine Speise dabei herauskommt, wenn man die Lebensmittel kombiniert.

🖊️ Sicherheitstipps

Achten Sie darauf, dass keiner der Gegenstände in den Tüten gefährlich für Ihr Kind sein könnte und dass Ihr Kind die Gegenstände kennt, damit es sie richtig erraten kann.

NACHMACHER

Ihr Kind ist hervorragend im Imitieren – es ist einer der Wege, wie es lernt. Drehen Sie mit diesem Spiel den Spieß um und spielen Sie den Imitator!

Materialien
- ⚑ Ihre Körper

Lerneffekt
- ⚑ Ursache und Wirkung
- ⚑ Entwicklung der Fein- und Grobmotorik
- ⚑ Soziale Interaktion

Anleitung
1. Setzen Sie sich mit Ihrem Kind auf den Boden.
2. Imitieren Sie exakt die Sitzhaltung Ihres Kindes.
3. Machen Sie alles nach, was Ihr Kind macht.
4. Beobachten Sie, ab wann Ihr Kind erkennt, was Sie da machen.

🔑 Variation
Wechseln Sie sich als Imitator ab. Machen Sie etwas vor und lassen Sie Ihr Kind die Aufgabe wiederholen. Klatschen Sie beispielsweise dreimal in die Hände und lassen Sie Ihr Kind dies wiederholen. Machen Sie mit anderen Körperteilen weiter. Lassen Sie dann Ihr Kind die Aufgaben vormachen und imitieren diese.

🖉 Sicherheitstipps
Stoppen Sie das Spiel, wenn Ihr Kind sich in eine gefährliche Situation begeben sollte und sprechen Sie darüber, bevor Sie weitermachen. Ärgern Sie Ihr Kind nicht mit der Imitation und regen Sie es nicht unnötig auf.

DINOSAURIER-AUSGRABUNG

Kinder in diesem Alter lieben Dinosaurier. Während Sie Probleme haben, das Wort „Spaghetti" vernünftig auszusprechen, ist „Tyrannosaurus Rex" dagegen kein Problem. Spielen Sie mit Ihrem jungen Archäologen eine Runde „Dinosaurier-Ausgrabung"!

Materialien

- Dinosaurierknochen aus Plastik, erhältlich in Spielzeugläden
- Ein Sandkasten
- Ein Löffel oder eine kleine Plastikschaufel

Lerneffekt

- Kognitive Fähigkeiten (Verhältnis eines Teils zum Rest)
- Entwicklung der Feinmotorik
- Sprachentwicklung

Anleitung

1. Vergraben Sie einzelne Dinosaurierknochen aus Plastik im Sandkasten.
2. Geben Sie Ihrem Kind einen Löffel oder eine kleine Plastikschaufel, mit der es nach den Knochen graben kann.
3. Wenn Ihr Kind einen Knochen gefunden hat, kann es den Knochen auf den Boden neben sich legen und nach den restlichen Knochen buddeln.
4. Wenn Ihr Kind alle Knochen gefunden hat, können Sie sie gemeinsam zu einem vollständigen Skelett zusammenlegen.

✎ Variation

Sie können auch andere mehrteilige Spielsachen vergraben, z.B. ein Puzzle (mit möglichst großen Teilen), eine Sammlung von Bauernhof-Spielzeugtieren, usw.

✐ Sicherheitstipps

Bleiben Sie beim Graben bei Ihrem Kind, falls es Sand in die Augen bekommen sollte.

HUT-KARNEVAL

Ihr Kind entwickelt eine lebendige Phantasie und hat viel Freude daran, in verschiedene Rollen zu schlüpfen. Bieten Sie Ihrem Kind eine große Auswahl an Dingen und Gegenständen an, die seine Vorstellungskraft stimulieren, angefangen bei einer Sammlung interessanter Hüte!

Materialien
- Eine Sammlung interessanter Hüte, z.B. eine Baseballkappe, ein Strohhut, eine Wollmütze, ein Feuerwehrhelm, ein Jägerhut, ein Cowboyhut, ein Stetson, ein Barett, usw.
- Ein Spiegel

Lerneffekt
- Körperbewusstsein
- Schauspiel und Vorstellungskraft
- Entwicklung der Grob- und Feinmotorik

Anleitung
1. Tragen Sie eine Auswahl an Hüten aus dem Secondhandshop, von den Nachbarn oder aus Ihrem Kleiderschrank zusammen. Je mehr Hüte Sie haben, desto besser kann Ihr Kind spielen.
2. Legen Sie die Hüte in eine große Box und schließen Sie den Deckel.
3. Stellen Sie die Box neben einen Spiegel ins Spielzimmer.
4. Lassen Sie Ihr Kind die Box öffnen und einen Hut entnehmen.
5. Lassen Sie den Hut zuerst von Ihrem Kind anprobieren. Probieren Sie ihn dann selbst an. Betrachten Sie sich beide im Spiegel und erfreuen Sie sich an Ihrem neuen "Look".
6. Ermuntern Sie Ihr Kind, die Person zu spielen, die den Hut normalerweise trägt. Wenn es z.B. eine Baseballkappe trägt, kann es so tun, als schwinge es einen Baseballschläger.

🎐 Variation
Spielen Sie das Spiel mit Schuhen, Perücken, Kleidung, Make-Up, Masken, usw.

🖉 Sicherheitstipps
Die Hüte sollten sauber sein und keine versteckten Nadeln haben.

WASCHLADUNG

Ihre Hausarbeiten sind oft ein tolles Spiel für Ihr Kind! Spielen Sie „Waschladung" und helfen Sie Ihrem Kind, seine Klassifizierungsfähigkeiten und sein Denkvermögen weiter zu entwickeln – und nebenbei wird auch noch die Wäsche sortiert!

Materialien
- Eine große Ladung Wäsche, gewaschen und getrocknet
- Ein sauberer Bodenbereich

Lerneffekt
- Körperbewusstsein
- Klassifizierung und Sortierung
- Entwicklung der Grob- und Feinmotorik

Anleitung
1. Legen Sie die die gewaschene und getrocknete Wäsche in einem Haufen auf den Fußboden.
2. Setzen Sie sich mit Ihrem Kind daneben und erklären Sie, wie die Wäsche nach verschiedenen Gruppierungen sortiert wird, z.B. nach Farbe: Rote Kleidung wird nach rechts, grüne Kleidung auf einen Haufen nach links gelegt, usw.
3. Nachdem Sie die Wäsche nach Farben sortiert haben, können Sie sie nach weiteren Kriterien sortieren, wie Form, Größe, Familienmitglied, neu/alt, ob die Kleidungsstücke Reißverschlüsse haben oder nicht, usw.

🔑 Variation
Lassen Sie Ihr Kind seine Augen schließen und durch Fühlen erraten, zu welchem Haufen das Kleidungsstück gehört (natürlich nicht, wenn nach Farbe sortiert werden soll).

🔗 Sicherheitstipps
Achten Sie darauf, dass sich Ihr Kind nicht in den Kleidungsstücken verheddert.

HÖRPROBE

Ihr Kind mag es, zuzuhören – zu Musik, Stimmen, Tiergeräuschen. Fördern Sie seine Hörfähigkeiten mit einer Auswahl an Geräuschen, die Ihr Kind erraten soll. Alles, was Sie brauchen, ist ein tragbares Aufnahmegerät.

Materialien
- ♣ Ein tragbares Aufnahmegerät
- ♣ Interessante Geräusche

Lerneffekt
- ♣ Ursache und Wirkung
- ♣ Klassifizierung
- ♣ Hörfähigkeiten

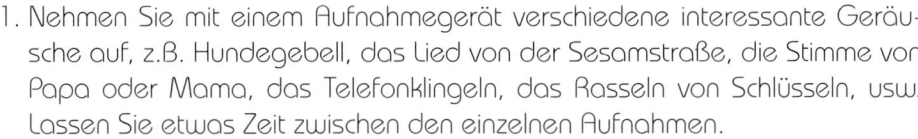

Anleitung
1. Nehmen Sie mit einem Aufnahmegerät verschiedene interessante Geräusche auf, z.B. Hundegebell, das Lied von der Sesamstraße, die Stimme von Papa oder Mama, das Telefonklingeln, das Rasseln von Schlüsseln, usw. Lassen Sie etwas Zeit zwischen den einzelnen Aufnahmen.
2. Spielen Sie Ihrem Kind die Geräusche vor und warten Sie ab, ob es die Geräusche alleine einordnen kann. Wenn die Geräusche zu schnell hintereinander kommen, können Sie die Aufnahme nach jedem Geräusch kurz stoppen, damit Ihr Kind Zeit zum Überlegen hat.
3. Spielen Sie die Aufnahme noch einmal ab und zeigen Sie Ihrem Kind die Quelle für jedes Geräusch.

🔎 Variation
Nehmen Sie bekannte Geräusche aus der Familie auf, z.B. die Stimmen der Großeltern, des Babysitters, der Geschwister, Freunde, Nachbarn, usw. und lassen Sie Ihr Kind die Person anhand der Stimme identifizieren.

✏ Sicherheitstipps
Die Geräusche sollten laut genug sein, damit Ihr Kind sie auch gut hören kann, aber auch nicht so laut, dass Ihr Kind sich erschreckt.

ZAUBERBRILLE

Auch wenn Ihr Kind die Welt längst aus seiner eigenen Perspektive sieht (Stichwort Egozentrismus), können Sie ihm mit dieser Zauberbrille trotzdem noch eine neue Perspektive anbieten. Sehen wir die Welt nicht alle gerne durch die rosa-rote Brille?

Materialien
- Ein Stück Pappe (oder die Rückwand der Cornflakes-Schachtel)
- Ein Bleistift
- Eine Schere
- Rotes, blaues, grünes und gelbes Cellophan-Papier
- Klebeband

Lerneffekt
- Klassifizierung
- Kreativität und Vorstellungskraft
- Visuelle Stimulation und Sehschärfe

Anleitung
1. Schneiden Sie einen Pappstreifen zurecht, der breit genug ist, um die Augen Ihres Kindes zu bedecken und lang genug, um überlappend um den Kopf Ihres Kindes zu passen.
2. Halten Sie den Pappstreifen über die Augen Ihres Kindes und markieren Sie mit dem Bleistift den Platz der Augenhöhlen.
3. Schneiden Sie zwei große Löcher für die Augen aus, so dass Ihr Kind gut durch die Pappbrille sehen kann.
4. Schneiden Sie einen Streifen des roten Cellophan-Papiers ab und legen Sie ihn über die Löcher für die Augen. Kleben Sie den Streifen fest.
5. Setzen Sie Ihrem Kind die Brille, mit der Klebeseite des Cellophan-Papiers nach außen, auf. Kleben Sie die Überlappungen der Brille am Hinterkopf mit Klebeband zusammen.
6. Lassen Sie Ihr Kind seine rot-gefärbte Welt erkunden.
7. Wenn Ihr Kind keine Lust mehr auf rot hat, können Sie die Farbe einfach mit einem anderen, bunten Cellophan-Papier auswechseln.

⚡ Variation

Anstelle einer Brille können Sie auch ein Teleskop basteln! Kleben Sie über eine Öffnung einer Papiertuchrolle buntes Cellophan-Papier und lassen Sie Ihr Kind mit einem Auge die bunte Welt anschauen.

✎ Sicherheitstipps

Ihr Kind sollte sich die Brille leicht abnehmen können, für den Fall, dass es Angst bekommt.

ZEITTAFEL

Spielen Sie mit Ihrem Kind Spiele, bei denen es die richtige Reihenfolge erkennen muss – eine Fähigkeit, die es beherrschen sollte, bevor es mit dem Lesen anfängt.

Materialien

- Eine Serie von Fotos, z.B. von einer Geburtstagsparty, einem Urlaub, dem ersten Tag im Kindergarten, usw.
- Ein großer Bogen Bastelpapier
- Ein Filzstift
- Ein Tisch

Lerneffekt

- Ursache und Wirkung
- Kognitive Fähigkeiten und Denkvermögen
- Prinzip der Reihenfolge und Vorkenntnisse zum Lesenlernen
- Visuelle Unterscheidung

Anleitung

1. Durchsuchen Sie das Familienfotoalbum nach einer Serie von vier Bildern, die sich auf ein bestimmtes Ereignis konzentrieren (siehe oben). Suchen Sie eine Bilderserie aus, die einen Anfang, eine Mitte und ein Ende hat. Zum Beispiel: 1. Die Partygäste werden begrüßt. 2. Die Geschenke werden geöffnet. 3. Der Geburtstagskuchen wird gegessen. 4. Die Partygäste werden verabschiedet.
2. Malen Sie vier Rechtecke in einer Reihe auf das Bastelpapier, etwas größer als die Fotos.
3. Markieren Sie die Rechtecke der Reihe nach als Nr. 1, Nr. 2, Nr. 3 und Nr. 4.
4. Setzen Sie Ihr Kind mit dem Bastelpapier vor sich an den Tisch.
5. Verteilen Sie die Fotos auf dem Tisch, so dass Ihr Kind sie gut sehen kann.
6. Erinnern Sie Ihr Kind an das Ereignis und fragen Sie: „Was ist zuerst passiert?" Warten Sie ab, ob Ihr Kind das richtige Foto aussucht, das den Beginn des Ereignisses zeigt. Geben Sie Tipps, wenn es Hilfe benötigen sollte.
7. Lassen Sie Ihr Kind das Foto auf das erste Rechteck legen.
8. Machen Sie weiter mit den restlichen Bildern, bis alle im richtigen Rechteck liegen.

🔑 Variation

Anstelle von Fotos können Sie auch günstige Bilderbücher zerschneiden, ein Bild vom Anfang, zwei Bilder aus der Mitte und eines vom Ende der Geschichte. Lassen Sie Ihr Kind die Bilder in der richtigen Reihenfolge hinlegen.

🔏 Sicherheitstipps

Wenn das Spiel Ihr Kind frustriert, können Sie auch erst einmal mit nur drei Bildern spielen. Geben Sie ihm zudem viele Hinweise.

PUDDING-MALEREI

Ihr Kind organisiert seine Welt, indem es die Dinge klassifiziert. Aber einige Dinge lassen sich nicht eindeutig einordnen und ergeben so Überlappungen. Geben Sie Ihrem Kind Impulse für neue Wege des Denkens und steigern Sie damit seine kognitive Entwicklung. Am besten mit diesem Spiel!

Materialien
- Pudding
- Ein Tisch, bedeckt mit einer sauberen Plastiktischdecke
- Ein Lätzchen oder ein Kittel

Lerneffekt
- Klassifizierung und Denkvermögen
- Emotionaler und kreativer Ausdruck
- Entwicklung der Feinmotorik

Anleitung
1. Kaufen oder kochen Sie eine Portion Pudding mit dem Lieblingsaroma Ihres Kindes.
2. Bedecken Sie den Tisch mit einer sauberen Plastiktischdecke (oder nehmen Sie einen abwischbaren Tisch)
3. Ziehen Sie Ihrem Kind ein Lätzchen oder einen Kittel an.
4. Setzen Sie Ihr Kind an den Tisch, so dass es die Tischoberfläche gut erreichen kann.
5. Geben Sie einen Löffel Pudding auf den Tisch vor Ihr Kind und lassen Sie es damit wie mit Fingerfarbe malen. Zeigen Sie Ihrem Kind, wie es geht, wenn es sich nicht traut.

✎ Variation
Verwenden Sie Vanillepudding und färben Sie ihn für noch mehr Spaß mit Lebensmittelfarbe in verschiedenen Farben ein. Wenn Sie eines der Pudding-Bilder Ihres Kindes konservieren möchten, können Sie einfach ein leeres Blatt Papier auf das Pudding-Bild drücken, es vorsichtig hochheben und trocknen lassen.

✐ Sicherheitstipps
Ihr Kind kann den Pudding probieren, während es damit malt. Achten Sie aber darauf, dass es die richtige Fingerfarbe nicht probiert!

3D-MEMORY

Spielen Sie dieses Spiel, wenn Ihr Kind die Gemeinsamkeiten und Unterschiede zwischen der dreidimensionalen Welt und deren zweidimensionaler Repräsentation auf Bildern erkennt. Schauen Sie, ob Ihr Kind die 3D- und 2D-Übereinstimmungen findet!

Materialien

- ♟ Bilder aus Magazinen, die Gegenstände zeigen, die im Haus zu finden sind, z.B. Zahnpasta, Kindernahrung, ein Hut, ein Spielzeug, Schuhe, Uhren, usw.
- ♟ Gegenstände im Haus, die denen auf den Bildern entsprechen

Lerneffekt

- ♟ Klassifizierung und Abgleich
- ♟ Realität vs. Repräsentation
- ♟ Visuelle Unterscheidung

Anleitung

1. Sammeln Sie einige Bilder von Gegenständen, die es auch in Ihrem Haus gibt, wie oben empfohlen.
2. Suchen Sie Gegenstände in Ihrem Haus, die zu denen auf den Bildern passen.
3. Legen Sie die Gegenstände in einer Reihe auf den Boden oder auf den Tisch.
4. Setzen Sie Ihr Kind neben sich, so dass es die Gegenstände sehen kann.
5. Halten sie ein Bild hoch und bitten Sie Ihr Kind, den entsprechenden Gegenstand zu finden.
6. Wiederholen Sie das Spiel, bis alle Bilder den entsprechenden Gegenständen zugeordnet sind.

🔎 Variation

Nehmen Sie auch ein paar Bilder von Gegenständen hinzu, für die es kein passendes Äquivalent in Ihrem Haus gibt und warten Sie ab, ob Ihr Kind erkennen kann, was fehlt. Anstatt die gleichen Gegenstände zu kombinieren, wie beispielsweise eine echte Zahnbürste und ein Bild von einer Zahnbürste, nehmen Sie Gegenstände, die zusammengehörig sind, wie beispielsweise Zahnbürste und Zahnpasta.

🔏 Sicherheitstipps

Alle Gegenstände sollten gefahrlos für Ihr Kind sein. Geben Sie Ihrem Kind viel Lob, Ermunterung und Hilfe, damit es nicht frustriert wird.

SANDIGER SPASS

Sand und Wasser bieten Ihrem Kind unzählige Möglichkeiten zum Spielen. Alles, was Ihr Kind für das Strand-Gefühl benötigt, sind ein Sandkasten und ein Eimer Wasser. Jetzt kann es gießen, pressen, formen und sieben.

Materialien
- Eine große Box oder einen Kasten aus Holz oder starker Pappe
- Feiner Sand
- Ein Eimer mit Wasser
- Sandspielzeug, Plastiktiere, kleine Figuren
- Siebe, Tassen, Löffel und andere Küchenutensilien

Lerneffekt
- Ursache und Wirkung
- Entwicklung der Feinmotorik
- Vorstellungskraft und Schauspiel
- Sensorisches Entdecken

Anleitung
1. Stellen Sie eine große Holzbox in den Garten und füllen Sie sie mindestens 30 cm hoch mit Sand.
2. Stellen Sie einen Eimer Wasser, Sandspielzeug und Küchenutensilien zum Spielen daneben.
3. Lassen Sie Ihr Kind mit dem Sand spielen und dabei seine Phantasie ausleben.

✏ Variation
Vergraben Sie einige kleine Spielsachen im Sand, wenn Ihr Kind nicht hinsieht und lassen Sie es die versteckten Schätze alleine finden.

✏ Sicherheitstipps
Bleiben Sie in der Nähe, wenn Ihr Kind im Sandkasten spielt, falls es Sand in die Augen bekommen sollte.

HÜTCHENSPIEL

Können Sie Ihr Kind an der Nase herumführen? Als es noch kleiner war, war dies vielleicht einfach, aber jetzt gestaltet es sich schon schwieriger. Aber lassen Sie Ihr Kind bei diesem Spiel trotzdem nicht sein Taschengeld verwetten!

Materialien
- ♣ Ein Tisch
- ♣ 3 kleine Schalen in verschiedenen Farben
- ♣ Kleine Bonbons, Kekse oder Cracker

Lerneffekt
- ♣ Augen-Hand-Koordination
- ♣ Problemlösung
- ♣ Visuelle Unterscheidung und Verfolgung

Anleitung
1. Setzen Sie Ihr Kind an einen Tisch.
2. Stellen Sie drei kleine Schalen verkehrt herum auf den Tisch.
3. Legen Sie ein kleines Bonbon, einen Keks oder Cracker vor eine der Schalen auf den Tisch.
4. Stülpen Sie die Schale über das Bonbon.
5. Schieben Sie alle drei Schalen umher, lenken Sie die Aufmerksamkeit Ihres Kindes immer auf das versteckte Bonbon.
6. Fragen Sie Ihr Kind: „Wo ist das Bonbon?"
7. Lassen Sie Ihr Kind die Schale, die es meint, hochheben und nach dem Bonbon schauen.
8. Wenn es richtig geraten hat, darf es das Bonbon essen.
9. Spielen Sie nochmal!

🔎 Variation
Legen Sie unter alle Schalen Bonbons. Ihr Kind soll nun nach dem einen Bonbon suchen, das Sie vorher ausgewählt haben. Noch schwieriger wird es, wenn die Schalen die gleiche Farbe haben.

✎ Sicherheitstipps
Bewegen Sie die Schalen langsam, damit Ihr Kind sie gut verfolgen kann. Die Idee ist, Ihr Kind Erfolg haben zu lassen und nicht, es zu frustrieren.

ALBERNE GESCHICHTEN

Gerade wenn Ihr Kind denkt, es hätte durchschaut, wie die Welt funktioniert, können Sie ihm eine komische Geschichte vorlesen, die es nochmal alles durchdenken lässt! Für dieses Spiel benötigen Sie die Lieblingsbücher Ihres Kindes.

Materialien
- Lieblingsbücher

Lerneffekt
- Kognitive Fähigkeiten und Denkvermögen
- Vokabular und Sprachentwicklung
- Soziale Interaktion

Anleitung
1. Suchen Sie eines der Lieblingsbücher Ihres Kindes aus – am besten eines, das Sie häufig vorlesen.
2. Setzen Sie sich mit Ihrem Kind auf dem Schoß an einen bequemen Ort.
3. Fangen Sie an vorzulesen, wie sonst auch immer.
4. Wechseln Sie nach ein paar Seiten von der Geschichte im Buch zu einer selbst ausgedachten Geschichte, die etwas albern ist. Zum Beispiel könnte in „Die drei kleinen Schweinchen" ein Gorilla an die Tür klopfen anstelle eines Wolfs.
5. Warten Sie auf die Reaktion Ihres Kindes, nachdem Sie die Geschichte verändert haben. Wenn es sagt: „Nein, das stimmt nicht!" lesen Sie ein paar Seiten lang die richtige Geschichte vor.
6. Überraschen Sie Ihr Kind noch einmal mit einer komischen Änderung.
7. Denken Sie sich weiter komische Teile für die Geschichte aus.

✎ Variation
Machen Sie das gleiche mit dem Lieblingslied Ihres Kindes, z.B. „Old MacDonald hat ein Auto".

✐ Sicherheitstipps
Spielen Sie das Spiel ein anderes Mal, wenn sich Ihr Kind wegen der Änderungen zu sehr aufregen sollte.

RIECH-SPASS

Ihr Kind wird bereits mit einem hervorragenden Geruchssinn geboren. Es kann Mama und Papa direkt von Geburt an nur anhand der jeweiligen Gerüche unterscheiden. Als Kleinkind macht es dann besonders viel Spaß, diesen Sinn durch ein Spiel zu schärfen.

Materialien
- Verschiedene Duftquellen, z.B. Parfum, Kindernahrung, eine Blume, Kindercreme, saubere Wäsche, eine Seife, usw.
- Papier-Butterbrottüten

Lerneffekt
- Ursache und Wirkung
- Klassifizierung
- Sensorisches Entdecken

Anleitung
1. Sammeln Sie eine Auswahl an verschieden duftenden Gegenständen zusammen, wie oben beschrieben. Suchen Sie Gegenstände aus, die Ihrem Kind bekannt sind.
2. Geben Sie jeden Gegenstand in eine eigene Papiertüte und verschließen Sie sie.
3. Stellen Sie die Tüten auf den Boden und setzen Sie sich mit Ihrem Kind daneben.
4. Nehmen Sie eine der Tüten und öffnen Sie sie.
5. Riechen Sie an dem Inhalt, um Ihrem Kind zu zeigen, wie das Spiel gespielt wird. Lassen Sie Ihr Kind an der Tüte riechen, ohne den Inhalt zu zeigen.
6. Fragen Sie Ihr Kind, was in der Tüte sein könnte. Geben Sie Hinweise.
7. Öffnen Sie die Tüte und lassen Sie Ihr Kind den Inhalt herausholen.
8. Machen Sie so mit den anderen Tüten weiter.

Variation
Lassen Sie Ihr Kind nur Nahrungsmittel „erriechen", z.B. eine Orange, Banane, eine Scheibe Brot, einen Keks, Käse, Schokolade, Gemüse, usw.

Sicherheitstipps
Verwenden Sie nichts, das zu stark oder unangenehm riecht, sonst wird das Spiel kein Spaß.

SOS

Dieses Suchspiel können Sie in der Badewanne oder im Planschbecken spielen. Beobachten Sie Ihr Kind dabei, wie es versucht herauszufinden, wohin das Boot verschwunden ist.

Materialien
- Eine Badewanne oder ein Planschbecken
- Wasser
- Kleine Plastikspielsachen, z.B. Boote
- Ein Waschlappen

Lerneffekt
- Entwicklung der Feinmotorik
- Problemlösung
- Soziale Interaktion

Anleitung
1. Füllen Sie eine Badewanne oder ein Planschbecken mit Wasser.
2. Setzen Sie Ihr Kind ins Wasser.
3. Geben Sie mehrere Spielsachen ins Wasser, die treiben, z.B. kleine Boote.
4. Bedecken Sie die Boote mit einem Wachlappen.
5. Fragen Sie Ihr Kind: „Wo sind die Boote hin?" und warten Sie ab, ob es die Boote findet.

🔑 Variation
Verwenden Sie sinkende Spielsachen anstelle der treibenden und schauen Sie, ob Ihr Kind die Spielsachen auf dem Badewannen- oder Planschbeckenboden findet.

🖈 Sicherheitstipps
Lassen Sie Ihr Kind nicht unbeaufsichtigt im Wasser.

STICKER-ÜBERRASCHUNG

Bei diesem Versteckspiel sucht Ihr Kind Sticker anstatt Personen. Verstecken Sie die Sticker mit viel Fantasie an lustigen Orten!

Materialien

- Verschiedene Sticker

Lerneffekt

- Entwicklung der Grob- und Feinmotorik
- Problemlösung
- Visuelle Verfolgung und Unterscheidung

Anleitung

1. Sammeln Sie interessante Sticker zusammen.
2. Kleben Sie die Sticker an verschiedene Orte und Gegenstände im Raum, z.B. an Möbel, Lampen, Spielsachen, den Boden oder die Wände, Schuhe. (nur leicht, damit man sie problemlos wieder lösen kann)
3. Bringen Sie Ihr Kind in den Raum und sagen Sie ihm, dass es nach den Stickern suchen soll.
4. Geben Sie wenn nötig Hinweise, am besten mit der „heiß/kalt"-Methode, wenn es sich dem Sticker nähert oder sich weiter davon entfernt.
5. Lassen Sie Ihr Kind sich die Sticker an sein T-Shirt kleben, wenn es welche gefunden hat.

🔎 Variation

Lassen Sie Ihr Kind die Sticker verstecken und Sie suchen danach. Anstelle der Sticker können Sie auch kleine Spielsachen, Süßigkeiten, Bilder oder alles andere, was für Ihr Kind interessant ist, verwenden.

🖉 Sicherheitstipps

Kleben Sie die Sticker an keine Orte, bei denen Ihr Kind greifen, drücken, ziehen, kriechen oder andere Anstrengungen machen muss, um die Sticker zu erreichen. Alle Sticker sollten gut sichtbar sein, damit Ihr Kind nicht frustriert wird.

LIEBLINGSBUCH-THEATER

Lassen Sie das Lieblingsbuch Ihres Kindes mit Masken, Requisiten und Kostümen lebendig werden! Ihr Kind wird eine Menge Spaß daran haben, wie seine Lieblingscharaktere direkt von den Buchseiten auf die Bühne springen!

Materialien
- Eine Decke
- Das Lieblingsbuch Ihres Kindes
- Kostüme für die Charaktere, die Sie spielen möchten

Lerneffekt
- Kreativität und Vorstellungskraft
- Schauspiel
- Vokabular und Sprachentwicklung

Anleitung
1. Suchen Sie eines der Lieblingsbücher Ihres Kindes aus.
2. Basteln Sie Kostüme für die Charaktere aus dem Buch für Sie und Ihr Kind.
3. Breiten Sie ein Decke in der Mitte des Raumes aus.
4. Lesen Sie Ihrem Kind die Geschichte vor.
5. Holen Sie die Kostüme hervor und ziehen Sie diese sich selbst und Ihrem Kind an.
6. Spielen Sie die Geschichte nach. Die Decke dient dabei als Bühne.

Variation
Spielen Sie die Charaktere mit Puppen und Stofftieren, anstatt sie selbst zu spielen.

Sicherheitstipps
Erinnern Sie Ihr Kind daran, dass es nur eine Geschichte ist, wenn es während des Spielens Angst bekommt. Um das Spielen spaßiger zu gestalten, können Sie Ihr Kind selbst aussuchen lassen, wen es gerne spielen möchte.

SEILTÄNZER

Ihr Kind kann in diesem Alter schon gut laufen, aber Sie können es mit diesem Spiel noch etwas weiter herausfordern. Und versuchen Sie es auch selbst! Dieses Spiel ist nicht ganz so einfach, aber es macht sehr viel Spaß!

Materialien
- Platz auf dem Boden
- leicht zu lösendes Malerkrepp

Lerneffekt
- Balance und Koordination
- Augen-Fuß-Koordination
- Entwicklung der Grobmotorik

Anleitung
1. Räumen Sie einen großen Bereich des Zimmers frei, so dass Sie viel Platz haben.
2. Legen Sie mit dem Malerkrepp eine Linie auf den Boden – fangen Sie mit einer geraden Linie an, machen Sie dann einen Schlenker und Kurven und enden Sie in einer Spirale.
3. Fordern Sie Ihr Kind zu einem Seiltanz heraus. Zuerst versuchen Sie es. Treten Sie dabei nicht über das Kreppband!
4. Lassen Sie es dann Ihr Kind versuchen und beobachten Sie, ob es sich besser auf dem Kreppband halten kann als Sie.

Variation
Legen Sie das Kreppband durch das ganze Haus, sogar über Möbel, für einen Hindernislauf. Versuchen Sie, rückwärts auf dem Band zu laufen.

Sicherheitstipps
Führen Sie Ihr Kind mit dem Kreppband nicht in gefährliche Bereiche. Wenn es Probleme mit der Balance hat und frustriert wird, können Sie das Kreppband auch parallel zur Wand verlaufen lassen. So kann sich Ihr Kind abstützen.

WUNDERWASSER

Wasser bietet sich zum Spielen in jeder Entwicklungsstufe Ihres Kindes an. Kinder werden nie müde, die mysteriösen Eigenschaften von Wasser zu untersuchen. Also zeigen Sie Ihrem Kind die Welt des Wunderwassers!

Materialien
- ♣ Eine große Plastikwanne
- ♣ Utensilien, um mit Wasser zu spielen – Plastikmessbecher zum Gießen, einen Spritzbeutel zum Füllen, Ausdrücken und Spritzen, ein Sieb zum Sieben oder Abschöpfen, ein Strohhalm zum Pusten, ein manuelles Handrührgerät zum Rühren, Töpfe zum Füllen und Ausgießen, Plastikteller zum Treiben, usw.

Lerneffekt
- ♣ Kreativität und Vorstellungskraft
- ♣ Erforschen von Eigenschaften
- ♣ Entwicklung der Feinmotorik

Anleitung
1. Stellen Sie eine große Plastikwanne nach draußen und füllen Sie sie mit lauwarmem Wasser.
2. Geben Sie verschiedene Utensilien ins Wasser, wie oben beschrieben.
3. Lassen Sie Ihr Kind das Wasser mit Hilfe der Utensilien erforschen.
4. Zeigen Sie Ihrem Kind, wofür die verschiedenen Utensilien gut sind, nachdem es ein bisschen Zeit hatte, sie sich näher anzuschauen. So hat es noch mehr Optionen zum Spielen.

🔎 Variation
Geben Sie für noch mehr Spaß etwas Schaumbad in das Wasser. Sie können dieses Spiel auch in der Badewanne spielen.

✏ Sicherheitstipps
Lassen Sie Ihr Kind während des Spielens nicht unbeaufsichtigt.

WAS IST PASSIERT?

Spielen Sie dieses Spiel, um die Problemlösungsfähigkeiten und das Denkvermögen Ihres Kindes weiter zu fördern. Mit einigen Antworten wird Ihr Kind Sie bestimmt überraschen!

Materialien
- Bilder mit aussagekräftigen Motiven, die zum Denken anregen, z.B. eine Katze, die hastig einen Baum hochklettert, ein weinendes Kind, ein verschüttetes Getränk, ein überraschtes Kind, ein kaputtes Spielzeug, eine angebissene Pizza, usw.
- Eine Schere
- Bastelpapier
- Kleber

Lerneffekt
- Kognitive Fähigkeiten und Denkvermögen
- Sprachentwicklung
- Problemlösung
- Soziale Interaktion

Anleitung
1. Suchen Sie verschiedene Bilder aus Magazinen aus, die aussagekräftige Motive haben, wie oben beschrieben.
2. Schneiden Sie die Bilder aus und kleben Sie sie auf kleine Stücke Bastelpapier oder Pappe, damit sie griffiger sind.
3. Setzen Sie sich mit Ihrem Kind auf den Boden und halten Sie eines der Bilder hoch.
4. Fragen Sie Ihr Kind: „Was ist passiert?". Machen Sie ein fragendes Gesicht und ziehen Sie die Schultern hoch.
5. Lassen Sie Ihrem Kind einen Augenblick Zeit zum Nachdenken. Wenn es Hilfe braucht, können Sie ihm Tipps geben.
6. Wenn es das Problem erkannt hat, können Sie Ihrem Kind das nächste Bild zeigen.

🔑 Variation

Nachdem Ihr Kind das Problem erkannt hat, können Sie es fragen, wie man es lösen könnte. Wenn das Bild eine Katze zeigt, die auf einem Baum feststeckt, können Sie Ihr Kind fragen: „Was können wir tun?"

✏ Sicherheitstipps

Verwenden Sie keine Bilder, die zu kompliziert sind, denn dies könnte Ihr Kind zu sehr aufregen. Halten Sie das Spiel entspannt und leicht.

ÜBER DIE AUTORIN

Penny Warner hat einen Masterabschluss in Sonderpädagogik und ist seit über 20 Jahren als Referentin für Kindesentwicklung am Diablo Valley College und am Chabot College in Kalifornien tätig. Sie ist ebenfalls die Autorin von „Smart Start for Your Baby", „365 Baby Care Tips, Toilet Training without Tears or Trauma" und „365 Toddler Tips". Penny Warner lebt mit ihrer Familie in Danville, Kalifornien.

INDEX